サッちゃんとあや先生　今日も お・散・歩

さんぽのおくりもの

文・写真　前原あや

さんぽのおくりもの

その後のサッちゃん

作文にみるサッちゃんの成長

＊本文中の名前はすべて仮名です。＊画像を一部加工処理したものがあります。

さんぽのおくりもの

はじめに

　サッちゃんとあや先生は、春から二人で勉強しています。

　サッちゃんは、絵を描くのが大好きな二年生の女の子です。一年生の時は通常学級にいました。でも、「先生とも友だちともコミュニケーションがとれないから」といろいろ調べた結果、「自閉症」と診断されて、特別支援学級に入ることになったのです。

　一年生の時のサッちゃんのことで、あや先生が知っていることはほんのわずかです。

　一つは、学校で公開研究会があった時のこと。よその学校からたくさんの先生方がやってきました。その時、サッちゃんは、玄関に立ってずっと外を見ていました。あや先生は不思議に思って、サッちゃんに声をかけました。

「どうしたの？」

サッちゃんは、

「ママを待っているの。」

と言いました。あや先生は、

「今日は、ママが来る日じゃないよ。」

と言って教室に戻しました。

　でも、なぜサッちゃんがそう思ったのかは見当がつきました。だいたい大人がたくさん来る日は、参観日しかありませんから。その日、先生方の手が回らないので、ＰＴＡ役員のお母さんたちに受付の仕事をお願いしていたのです。そのお母さんたちを見つけたのかもしれません。

もう一つは、生徒指導の先生がトイレの使い方について指導した後のことです。トイレットペーパーが床一面に捨てられていた様子を見せて、

「こういう使い方はやめてください。」

と注意したのに、全く同じことが低学年の女子トイレで起きました。

さっそく低学年の女子が集められました。誰がやったのか聞いても、誰も知らないと言います。サッちゃんの担任であった塩崎先生が聞いたところ、やったのはサッちゃんだったことが分かりました。サッちゃんは、生徒指導の先生がやって見せたから、まねをしてやってみたらしいのです。

一年生のサッちゃんのことで、あや先生が覚えているのはこれくらいでした。

二年生になったサッちゃんは、毎日家の人の車で学校へ来ていました。あや先生は家の人に「歩かせてほしい」とお願いしましたが、「サチコが歩きたがらない……」と言って、車で送ることをやめませんでした。どうも歩くことがきらいなようです。

それに、体力もありません。マラソン集会では、ちょっと走るとすぐ、

「疲れた。」

と言って、走るのをやめようとしたり、みんながグランドの三周目に入っても、サッちゃんはまだ一周目を走ったりしているのです。

健康観察では、いつも「鼻がぐずぐずしています」とか、「風邪をひいています」と、サッちゃんは言っていました。

絵本が大好きで、毎日のように図書室に借りに行きます。でも、サッちゃんは、絵を見ているだけでした。

春、可憐な花をつけるアケビ

サッちゃんが何より嫌いなのは、注意されたり直されたりすることです。あや先生は困ってしまいます。だって、先生の注意を聞かないのですから。

でも、あや先生が一番困ったのは、サッちゃんが自分の思うようにいかない時や、自分のやっていることを止められた時に、自分の身体をかきむしったり、怒ってものを投げたりするということです。そして、一旦そうなってしまうと、なかなか元に戻れないということです。

例えば、こんなことがありました。

国語の時間のこと。教科書の巻頭に詩が二つ載っていました。

サッちゃんは、「はるですよ」（与田準一）の詩を張り切って読みました。それから、ノートに視写し、絵もパスティック（色鉛筆）できれいに描きました。学級が変わったばかりでサッちゃんも緊張しているだろうに、がんばっているなあと思って、あや先生は、

「上手だね。」

とほめました。

次の日、今度は、「たんぽぽ」（川崎洋）の詩の学習に入りました。「はるですよ」の時と同じように、あや先生が一回読んで、それから、サッちゃんが読みました。

難しい漢字はないし、簡単な言葉だけだから、サッちゃんもすぐ読めるだろうと、あや先生は思っていました。ところが、サッちゃんにパニックを起こさせてしまったのです。

詩の中の「ひとつ　ひとつ」をサッちゃんは、『ひとちゅ　ひとちゅ』と読みました。発音が変なので、あや先生は正しい読み方を言いますが、二度目も読み方は変わりません。上手く言えないのだから仕方がないかと、あや先生はそのままにしました。でも、「たぽんぽ」「ぽぽんた」「ぽんたぽ」「ぽたぽん」は、書いてあるとおりに読まないので、読み直しをさせました。二度三度と直させましたが、直りません。これも仕方ないと思い、最後まで読ませました。

その後、詩をノートに書き写させました。

一生懸命書き始めたサッちゃんでしたが、一つ字を間違えました。

あや先生が、

「サッちゃん、そこ違うよ。」

と言いました。

途端に、サッちゃんの顔色が見る見る険しくなり、怒ってイライラし始めました。

「…これ、むずかしい…」

そう言って体をよじり、腕をかきむしりはじめました。

リンゴの花は白いけど、蕾はこんなに紅い

これは大変とあや先生は思いましたが、時すでに遅し。

いくら、あや先生が、

「終わりにしよう。」

「もうやめよう。」

と言っても、

「いやだ。」

「やめないもん。」

と言って、強く腕をかきむしるのでした。うまくいかないことや、違うと言われることがいやでしょうがないようです。


それから、こんなこともありました。

協力学級の二年生と一緒に勉強をしていた時のことです。

協力学級というのは、特別支援学級の子どもたちが一緒に勉強したり交流したりする、同学年の学級のことです。サッちゃんは、生活科と音楽と体育と学級活動の時間は、二年生と一緒に勉強しています。また、朝の会や帰りの会、給食も協力学級の二年生と一緒です。

生活科の時間に、家でのお手伝いを絵と文で紹介することになりました。

なかなかうまく書けていましたが、サッちゃんが、

「おさラをあらった」

と書いたので、あや先生は、カタカナのラを指して、

「この字、違うよ。」

と言いました。すると、サッちゃんは、

「これでいいの。」

と言いました。

でも、あや先生は、間違いを直させなくてはと思い、

「さあ、ひらがなで書いて。」

と言って、ラの字を消してあげました。

すると、サッちゃんは激しく怒って、出来ていた絵も全

部、消しゴムで消してしまいました。その後、もう一回書きましたが、また消しました。今にも紙が破けそうでした。

これ以上注意しても火に油を注ぐだけだと思って、あや先生は、見て見ぬふりをしました。ちょうどその時、チャイムが鳴りました。これで終わりにしようと思いましたが、またサッちゃんは一生懸命書いています。仕方がないので待つことにしました。

まもなく、サッちゃんは、

「出来た。」

と言って、あや先生のところにその紙を持ってきました。

あや先生は、

「とっても上手だね。」

とほめてから、

「99点。ラが直れば100点になるよ。」

と言いました。

それから、サッちゃんは、二年生担任の塩崎先生に見せに行きました。

塩崎先生も、

「上手だね。ラが直れば100点なのにね。」

と言いました。

塩崎先生は、サッちゃんの前担任です。サッちゃんは、仕方なさそうにラを消して直しました。が、やっぱり怒っていて、隣りの席の高志くんにわざとぶつかり、嫌な思いをさせて、ま

た、あや先生に叱られました。

それから、もう一つ。これは友だちの家での話です。サッちゃんは、学校から帰ってから、近くの二年生の子どもたちと遊んでいました。

その日は、文男くんの家にみんなが集まりました。文男くんには、小さな妹がいます。男の子たちは、外でバドミントンをやって遊びました。でも、サッちゃんはただ一人、文男くんの家の中に入って、文男くんの妹のぬいぐるみで遊んでいました。ちょうど、サッちゃんが外に出てきた時、バドミントンの羽根が近くの木に引っかかりました。男の子たちは、羽根を落とそうと小石を拾って投げました。サッちゃんも投げました。羽根がうまい具合に落ちたので、みんなは投げるのをやめました。でも、サッちゃんはやめません。

その石が、二人の子どもの胸や腕に当たったので、誠くんが止めに入りました。

「もう石を投げないで。危ないよ。」

注意されたサッちゃんは、誠くんの腕をかじりました。それればかりか、今度は、車庫の中にあったおもちゃの車を足で踏んづけました。おもちゃの車のガラスが壊れました。それからフラフープで叩いて、車の上の方を壊してしまいました。サッちゃんは、近くにいた誠くんの頭もフラフープで叩きました。その様子を見ていた文男くんのお父さんが、

「危ない。やめなさい。」

と大きな声でサッちゃんを叱り、フラフープを取り上げました。

叱られたサッちゃんは、文男くんの妹のぬいぐるみを取って、川めがけて投げました。それから、ぷんぷん怒って家に帰ってしまいました。みんなはびっくりしました。大きな川なので、子どもにはどうにもなりません。みんなが困っていたら、文男くんのお父さんが、流れていくぬいぐるみを網ですくい上げてくれました。

次の日、あや先生が二年生の教室に入っていくと、子どもたちが一斉に、

「きのう、サッちゃん、大変だったんだあ。」

と言って、前日のことを教えてくれたのです。

　こんな生活の中で、あや先生が一番穏やかな気持ちで過ごせたのは、サッちゃんが絵を描いている時間です。サッちゃんは、絵を描くのが大好きです。

　初めに、描かせたのは自分の顔です。

「まず、鼻を描こう。」

「２年生になったわたし」（２年、４月）

と、あや先生は言いながら、一つひとつ描かせていきました。サッちゃんは、クレヨンで画用紙いっぱいに描きました。でも、サッちゃんは力を入れて色ぬりすることはできません。

「サッちゃんの顔には穴があいているの?」

「あいていない。」

「じゃあ、穴がないようにぬらなきゃね。」

そんなやりとりをしながら、ぬり方を意識させていきました。

「たんぽぽさん、おみずだよ」(2年、5月)

丁寧にぬることは大変疲れることです。でも、二枚目、三枚目になると、
「穴があいていたら、大変だ。」
と自分から言うようになって、力を入れて色ぬりをがんばれるようになりました。
一学期の学習の中心は絵と言ってもいいほど、絵ばかり描いていました。

「たんぽぽさん、おみずだよ」は、あや先生が大好きな作品です。大きな手、長いジョーロ、流れ出る水、楽しそうな表情が、特に気に入っています。

顔のところを見て下さい。一ヶ月ほどの間に、こんなにしっかりぬれるようになっています。

作品としてはこれで十分ですが、教育的には体の認識が不十分であることが分かります。腕が顔から出ています。それに最初の絵には

体がありませんでした。
「サッちゃんの体はどこにあるの？」と聞いて、描き足したところが、オレンジで塗られた四角い部分なのです。

研修会や研究会に行くと、こんなサッちゃんのような子どもたちの行動特性について説明があった後で、決まって次のような話になります。
「この障害は先天性のもの。」
「脳に障害があって、この行動特性は起きているのだから、一生治らない。だから、できるだけ不快要素を避けて通るように。」

確かに、注意は聞かないしこだわりは強いし、育てていくには大変苦労する子どもたちです。でも、だからといって、「脳に障害があるから、一生治らない」とは、どうしても思えません。

それで、ある時、大学から来た講師の方に聞きました。
「脳に障害があると言いますが、脳を調べてみて、どれくらいの人に異常が見つかるのですか。」

その講師の方は答えました。
「ある時の研究調査で、異常が見つかったのは、六・三％。実際に脳に障害がある人はほんのわずかです。だから、障害があるというよりは、脳がうまく機能していない状態というべきです。」

それなら、まだ話も分かります。うまく働いていないというのは、脳に限らず見られる状況ですから。でも、それなら、うまく働かせる方法を考えればよいということになります。

ひとまとめに「脳に障害がある」という言い方は、「『治らない』『どうにもならない』のだから、切り捨てよ」と言ってるように、あや先生には聞こえてなりません。実際、小学校の現場ではそんな空気を感じることがあります。自分の手に負えない子がいると、いろいろ調べてもらう先生がいます。確かにその子の行動特性を知って、その子に対処するということは必要です。でも、障害を持っているのだからどうにもならないのだと、公認の「おすみつき」を得ようとしているとしか言いようのない人も残念ながらいます。もっとも、「学力、学力」と点数しか評価しない現在の教育行政の中では、こういう自分の手に負えない子のことを切り捨て(通常学級から特別支援学級へ追い出す)なければ、平均点を上げることが難しいからでしょう。

あや先生は、「人間は環境の産物である」ということを学習してきました。

ある個人の考え方や行動の仕方について(性格も含めて)、「生まれつきだ」「遺伝だ」「その星の下に生まれた」「運命だ」等という考え方があります。だから、「もう変えられない」とか「ダメだ」とか、「生まれつきだから、しょうがない」というのです。

でも、その人の行動様式や考え方は、生まれてからのその人を取り巻く環境(家族、交友関係、住んでいる地域・国、経済状況、時代等)の方が大きく影響を与えるというのが、「人間は環境の産物である」という考え方です。ただ、変わるために、変えていくためには、自分から社会(環境)に対して働きかけながら、学習していく必要があります。

人間が環境の産物であるならば、サッちゃんがこうなったのにはそれなりの理由があるだろうし、環境を変えていけば、サッちゃんもまた必ず変わっていけるはずです。

だから、あや先生は研究会で話を聞くたび、
「いや、この子たちだって、成長させていく手立てがきっとどこかにあるはずだ。」
と思うのです。

それが何であるかは、皆目見当もつかなかったのですが……。

サッちゃんと一緒に暮らしてみて、あや先生は、サッちゃんの語彙が極端に少ないことに気

がつきました。例えば、「電気」という言葉。ものの名前を聞かれたとき、サッちゃんは、「コンセント」も「スイッチ」も「蛍光灯（灯り）」も全て「電気」と答えました。確かに電気との関わりはあるものの、その区別はできていない（違いを認識できていない）ということになります。また、給食に出てくる献立の野菜、果物、料理、食器の名前など、分からない言葉がたくさんありました。

人は言葉で考え、言葉で認識を確かにします。そして、言葉はお互いを理解し合う、とても大切な手段です。言葉がなかったら、どうなるのでしょう。言葉がなかったら、コミュニケーションがとれなくても当然のことです。自分の思いを上手く伝えられないし、相手の言ってることもよく分からない。だから、パニックが起きても何の不思議もないでしょう。

あや先生は、サッちゃんに、ものの名前や言葉を教えることから、始めてみたらどうだろうと思いました。

茶色いカマキリ。土の色と見分けがつきません

サッちゃんの学校は、北国の小さな学校です。一学年一学級だけの小学校です。小高い丘の上に立っているので、校庭の木々はいつも風に揺れています。学校の裏手の坂を上ると、そこには浄水場があり、その向こうには山々が続いています。

学校の周りには田畑が広がっていて、虫もたくさんいます。ふだんはなかなかお目にかかれない、トノサマバッタもいます。カラスアゲハやギンヤンマなどもたくさん飛んでいます。

あや先生もこの学校に来て初めて、トノサマバッタを見ました。トノサマバッタは空を飛びます。初めて飛ぶのを見た時、羽の色のきれいなことに、あや先生はびっくりしました。あや先生は、ヒシバッタのちょっぴり大きいのが、トノサマバッタだと何十年も思っていたのです。恥ずかしい話です。

少し歩けば、川もあり、山もある。そんな自然に恵まれたところに、サッちゃんの学校はあります。

初めての散歩

　サッちゃんと初めて散歩に出かけたのは、二学期が始まった日です。

　学校の周りを一周すると、距離にして一㎞ぐらいになります。

　学校の門を出るとすぐ、サッちゃんは、

「もう帰ろう、もう帰ろう。」

と言い出しました。

　サッちゃんは学校に来る時、家の人に送られて来ていたのですから、歩くことに慣れてもいないし、体力もありません。それで、すぐ疲れてしまいます。あや先生は、かまわずサッちゃんの手を引いて、ずんずん歩いて行きました。


　青く澄んだ空の下では、トンボがたくさん飛んでいました。あや先生は、もうすっかり秋だなあと思いながら歩いていました。そのうち、サッちゃんの近くにもトンボが飛んできました。

　一匹がスーッとサッちゃんに近づいた時です。

「こわい、こわい。」

と言って、サッちゃんはあや先生の腕にしがみつきました。

　あや先生は、びっくりしました。こんな田舎に暮らしながら、トンボが怖いだなんて……。あや先生は、サッちゃんは外を歩いたことがほとんどないのかもしれないと思いました。

　あや先生は、サッちゃんに言いました。

「大丈夫。トンボはあなたを食べたりしないから。トンボが好きなのは、人間じゃなくて、虫。」

　でも、サッちゃんは、トンボが近くに飛んで来るたび、

「こわい。」

と言って、あや先生にしがみつくのでした。

言葉だけではなく、いろいろな生活体験そのものが、サッちゃんには足りないのではないかと、あや先生は考えました。

実際、サッちゃんは、休みの日はビデオばかり見ていることが多かったというのです。

足を鍛えることが出来るし、言葉も教えられる。いろいろな体験だってたっぷり出来る。あや先生は毎日、サッちゃんと散歩に出かけることにしました。

あや先生は散歩をしながら、いろいろなものの名前を教えました。

「今、歩いているところは、道路。」

「ここは、水たまり。」

きのうの雨で、道路に水たまりが出来ていたのです。水たまりには、木が映っていました。

あや先生は、さっそく写真を撮りました。

「あの花は、コスモス。」

学校の花壇のお世話をしてくれる佐藤さんの家の前には、コスモスの花があふれんばかりに咲いていました。

「あっ、木のポケット。」

突然、サッちゃんが言いました。桜の木に、うろを見つけたのです。国語の本に、「木のポケット」（あおとかいち）という詩があって、ちょうど音読の練習をしていたところでした。

少し行くと、畑がありました。

「これは、キャベツ。」

「これは、きゅうり。」

「これは、なすだよ。」

「あのクリーム色のは、オクラの花だよ。」

あや先生は、そこにあった野菜の名前をたくさん教えました。

　そこに、おばあさんがやって来て、野菜の世話を始めました。

「おはようございます。」

あや先生と一緒に、サッちゃんも元気にあいさつしました。

　あや先生が話しかけると、日に焼けた穏やかな表情のおばあさんは、

「あれ、何歳になるの?」

と、サッちゃんのことを聞いて来ました。

　おばあさんは、保育園の子だと思ったようです。でも、サッちゃんは、あたりをきょろきょろ見ているだけです。

「二年生です。」

と、あや先生が答えると、

「今日は、学校、お休み?」

と聞いて来ました。

「いいえ。いろいろなものを見て勉強しようと思って、学校の周りを散歩しに来たんです。」

あや先生は答えました。

「あれ、学校の先生ですか。これは迷惑しました。家（うち）の孫も小学校に入っているんです。」

これがオクラの花なんです

　おばあさんは、あや先生をどこかのお母さんと思っていたようです。おばあさんは、六年生の英子さんのおばあさんでした。英子さんは、サッちゃんの縦割り清掃班の班長さんです。
　あや先生は、おばあさんとすっかりうち解けました。それからは、おばあさんにあいさつするのが日課となりました。

プールに入《はい》れない

プール学習の日が来ました。

サッちゃんは、顔を水につけることができません。でも、プールに入ることは大好きです。幼児用プールだと、手をついても顔が水の上に出るので、楽しそうに動き回っています。そして、「プールから上がれ」の笛がなると、嫌だといって険悪な顔で怒り出すのです。

サッちゃんは、三日前に熱を出してしまいました。咳もひどかったので、病院で点滴を受けました。夜中になってもまだ咳き込むので、お母さんは、

「明日のプールは、だめだ。」

と言いました。でも、サッちゃんは、

「絶対泳ぐもん。大丈夫だもん。」

と言いはりました。

　お母さんは、仕方なくプール道具を持たせました。

　でも、あや先生は宣言しました。

「サッちゃんは、プールに入《はい》れません。」

サッちゃんは、激しく怒りました。

「どうして。どうして、プールに入れないの?」

あや先生は、言いました。

「サッちゃんは病気だから。咳が出て苦しいのにプールに入ったりしたら、死んじゃうこともあるんだよ。」

「死んだっていいもん。絶対、プールに入るもん。」

「死んだら、お母さんも先生も、二年生のみんなも悲しいの。」

　でも、サッちゃんは全然聞き入れようとはしません。だからといって、プールに入れるわけにはいきません。

　あや先生は、みんなが泳いでいる間、サッちゃんと公園の中を散策することにしました。プールは、広い公園の片隅にあったのです。

手をつないで一斉に潜ります

浮いているのがサッちゃん、その前にいるのがユキちゃん

「学校に歩いてくるもん。」

公園を歩き出してすぐに、また、サッちゃんは言いました。

「どうして、プールに入《はい》れないの?」

プールに入れてくれるまでは、気がすまないようです。

「どうして、プールに入れないの?」

それは、あや先生を責め立てる強い口調でした。まるで、あや先生がサッちゃんに意地悪でもしているみたいです。

「だって、サッちゃん、病気だもん。病気の人はプールには入れないの。学校に歩いてこないから、病気になるの。」

あや先生も負けずに、強い口調で言いました。

するとサッちゃんは、

「じゃあ、歩いてくるもん。」

と、けんかでも買うような調子で、怒って言いました。

「歩いてくれれば、早く病気も治って、次のプールはきっと入れるようになると思うよ。」

あや先生がそう言うと、

「ほんとに泳げる?」

と聞いてきました。あや先生が再び、

「きっと泳げるよ。」

と言うと、ようやく険しかった顔が穏やかになりました。

「じゃあ、明日から、凛ちゃんと一緒に歩いて来てね。先生、凛ちゃんに、サッちゃんの家に迎えに行ってくれるように、お願いしておくからね。」

サッちゃんは、

「分かった。」

と言いました。

　凛ちゃんは四年生。家は、サッちゃんの家の隣りです。

　一緒に登校してくれるようにお願いすると、凛ちゃんは快く引き受けてくれました。あや先生はそれまで、凛ちゃんと話したことはありませんでした。でも、凛ちゃんの弟を担任していたので、お母さんのことを知っていました。あのお母さんなら、応援してくれる。あや先生はそう思ったのです。

公園で

　公園の中には、ミニ動物園があります。

　動物園には、生まれたばかりの子うさぎがたくさんいました。でも、気温が低くて寒いからか、動かないうさぎもたくさんいました。じっとしている子うさぎは、ぬいぐるみと見間違うくらい、毛がきれいでふさふさしていました。

　サッちゃんは、何度も
「かわいい、かわいい。」

と言いました。

　柵の近くにしゃがみながら、いくら見ていてもあきないという感じです。あまり、動物を得意としない、あや先生でさえ、かわいいと思ったほどですから。

　それから、アヒルやうさぎ、熊、山羊、孔雀も見ました。

めずらしい吊り橋をわたり、浮き橋もわたり、遊歩道を歩き、とにかくたくさん歩きました。ふだん歩いていないからすぐ疲れてしまうけれど、学校とは違って戻るわけにもいきません。ベンチに座って休んでは歩き、休んでは歩き、とうとう公園を一周しました。

プール前の遊具に戻ってきた時、あや先生が、

「サッちゃん、遊ぶ？」

と聞くと、サッちゃんは、

「うん。」

と返事をしました。

そして、水を一杯飲んでから、元気よくかけていきました。

ターザンロープにのった後、サッちゃんはうんていのところに走っていきました。

うんていは、体育の時間にみんなと練習しています。でも、サッちゃんは、二つか三つ進むと落ちてしまいます。あや先生が補助しても同じです。学校のうんていは高さもあり、大人でも十分ぶら下がることのできる立派なものです。おまけに、勾配もあるので結構難しいのです。

ところが、そこにあったのは、小さい子ども用に作られた、勾配のない長さも学校の半分くらいのものでした。

一回目、あや先生が補助して、最後まで進みました。サッちゃんは満足そうでした。サッちゃんは言いました。

「今度、自分でやる。」

そして、一人で最後まで進むことが出来ました。

「すごい。」

と言って、あや先生はサッちゃんを抱きしめました。

サッちゃんは、うんていを何回も何回もやりました。サッちゃんのおかげで、あや先生もう

んていの補助のしかたがよく分かりました。

そうしてるうちに、プール学習が終わった一年生と二年生がやって来ました。

あや先生は、

「見て、見て。サッちゃん、うんていができるようになったんだよ。」

と子どもたちに教えました。

サッちゃんがやってみせると、

「わあ、すごい。」

と歓声が上がりました。

「私もやる。」

「ぼくも。」

と、たくさんの子がうんていに挑戦し始めました。

プール学習の帰り、サッちゃんの右手にはまめができて、破けていました。


これは学校の雲梯。４年生でできるようになりました！

「先生、トンボをつかまえて！」

散歩のたび、トンボはたくさん飛んでいます。

あや先生が言いました。「トンボが飛ぶ。」

サッちゃんも言いました。「トンボが飛ぶ。」

「木がゆれる。」「木がゆれる。」

風で、木がゆれています。

「サチコが歩く。」「サチコが歩く。」

「花が咲く。」「花が咲く。」

おばあさんの家の庭に、大きなアメリカフヨウの花が、真っ赤に咲いていました。

サッちゃんは朝の会などで、いっぱい手をあげて発表します。でも、言っていることがよく分からないのです。何がどうしたのかが、はっきりしないからです。そこで、あや先生は、「何が、どうする」という文を教えることにしました。

少し行ったところに、小屋がありました。中をのぞくと、にわとりが六羽いました。

「コケコッコー。」

にわとりが鳴きました。サッちゃんも、

「コケコッコー」

と、まねをしました。

また少し行くと、ありが死んだミミズを一生懸命運んでいました。

「ありがミミズを運ぶ。」

「ありがミミズを運ぶ。」

こうして、一週間も過ぎた頃、サッちゃんは、あや先生に言いました。

「先生、トンボをつかまえて！　私、トンボ、ほしいの。」

おばあさんの家の庭に立てられた、鉄の棒の先にトンボが、たくさん止まっていました。

「トンボが止まる。」

と言ってから、あや先生は、棒の先に止まったトンボをつかまえました。

そっと背中からつかまえました。つかまえたトンボは、一つの羽が半分切れていました。

「サッちゃん、トンボ、つかんでみない？」

とあや先生が言うと、サッちゃんは、

「こわい。」

と言いました。

でも、あや先生は、

「さあ、サッちゃん。」

と言いました。

サッちゃんはまじめな顔をして、おそるおそる背中をつかみました。そして、トンボをじっくり見てから、サッちゃんは、

「トンボの足は六本。」

と言いました。

その日の文作りで、サッちゃんは、次のように書きました。

まえはら先生が、羽がはんぶんとれたトンボをつかまえた。

あや先生は、不思議でした。あんなに怖がっていたトンボを欲しがるなんて。

「サッちゃん、どうしてトンボほしいって、思ったの。」

「朝、凛ちゃん、つかんだの。」

「朝って、学校に来る時のこと？」

「うん。」

　公園をたくさん歩いた次の日から、サッちゃんは、凛ちゃんと一緒に歩いて登校していました。朝来る途中で、凛ちゃんは、道端の草に止まっていたトンボをとって、サッちゃんに見せてくれたそうです。

「トンボをつかめるようになって、よかったね。記念写真を撮らなくっちゃ。」

あや先生はそう言って、トンボをつかんでいるサッちゃんを写真にとりました。

初めてのプレゼント

「おはよう。」

と、サッちゃんを迎えに行った凛ちゃんの手には、新品のキティちゃんのぬいぐるみがありました。

　九月のある日、サッちゃんの八回目の誕生日の日のことです。

「サッちゃん、ハイ。これ、誕生日のプレゼントだよ。」

そう言われても、サッちゃんは、凛ちゃんの言葉にきょとんとしていました。だって、それはサッちゃんが家族以外の人からもらう、生まれて初めてのプレゼントだったのですから。

　お母さんが、

「ありがとう。」

と言って、サッちゃんも、

「ありがとう。」

と言うことが出来ました。

お母さんが書いてくれた連絡帳には、うれしさがあふれていました。

心の温かくなったあや先生は、さっそく凛ちゃんにお礼を言いました。

「凛ちゃん、ありがとう。一緒に学校に連れてきてくれるだけでもとっても嬉しかったのに、誕生日のプレゼントまでくれたんだって。本当にありがとう。サッちゃんも、お母さんもとっても喜んでいたよ。」

それから、あや先生は凛ちゃんに聞きました。

「どうして、サッちゃんの誕生日がわかったの？」

「サッちゃん、前の日、『明日、サチコの誕生日』って言ったの。」

「そう。プレゼントは、お母さんか誰かに相談して決めたの？　それとも、自分で考えたの？」

「自分で考えたの。家にぬいぐるみがあったから。」

「大事なものだったんじゃないの？」

「使っていないものだから。」

あや先生は、凛ちゃんの受け答えを聞きながら、凛ちゃんの温かさに感心しました。そして、凛ちゃんに頼んでよかったと、心の底から思いました。あや先生は、学校中に凛ちゃんのことを大宣伝しました。学級通信にも書いたし、職員室でも何度も話題にしました。

サッちゃんは、凛ちゃんといっしょに登校するのがとっても楽しいと言いました。

そして、凛ちゃんは、

「まるで妹ができたみたいで、世話できることがうれしい。」

と言っていると、お母さんがあや先生に教えてくれました。

サッちゃんは、にわとりの仲間か？

二人はまた、いつものコースを出かけました。

学校の門を出て、「木のポケット」の桜の木を通り過ぎ、英子さんのおばあさんにあいさつをした後、必ず、にわとり小屋に立ち寄ります。

にわとりが小屋の奥の方にいて見えない時や鳴かない時、決まってサッちゃんは、にわとり小屋に向かって、

「コケコッコー。」

と言います。

でも、にわとりからは何の反応もないので、サッちゃんはあきらめて、いつものコースに戻って歩き出します。すると、まるで思い出したかのように、にわとりが、

「コケコッコー。」

と鳴くのです。

「にわとりさん、きっと、サッちゃんのこと、仲間だと思っているんだよ。」

あや先生がそう言うと、

「にわとりが、鳴く。」

と、突然、サッちゃんが言いました。自分から言うのは、初めてでした。

　こうして、「何がどうする」という簡単な文を、言いだしたのです。


　このにわとりのことでは、こんなこともありました。にわとりが「コケコッコー」と鳴いて、サッちゃんも同じように鳴くのはいつものことですが、ある時、あや先生はサッちゃんに聞きました。

「サッちゃん、にわとりさんは、何て言ってるの？」

「コケコッコーって。」

「何て言ってるのか、人間の言葉にして、先生に教えてよ。」

すると、サッちゃんは言いました。

「**ここから、出せ**って。」

「そうか、にわとりさん、ここに閉じこめられてるの、いやなんだ。」

　サッちゃんは、にわとりの気持ちになっていたのです。

　秋が深まるにつれ、トンボが交尾しながら飛ぶようになりました。
「トンボが結婚する。」
「トンボが結婚する。」

二人は、そのトンボを合体トンボと呼びました。

ある日、その合体トンボが、道路にできた水たまりにしっぽをつけていました。

「サッちゃん、見て、見て。トンボが卵を産んでいるよ。」

あや先生も初めて見るので、興奮しています。思わず、あや先生はカメラのシャッターを切りました。

その後、トンボの数はめっきり減っていきました。

サッちゃんは、

「トンボいないよ、どうしたの?」

と聞きました。

「もう、さよならしたの。」

と、あや先生は答えました。

運動能力アップのために

サッちゃんの運動能力面での遅れが、あや先生は、春から気になっていました。歩いていないことと大いに関係があると、あや先生は考えています。足をあげてうまく行進できないし、まっすぐに立っていることも出来ません。走る時も、足を前に出すというよりは後ろに曲げる走り方なので、頑張っているのになかなか進みません。その場でのジャンプも二、三回も続けると、すぐ疲れてしまうのです。

「赤ちゃんは運動の天才」(グレン・ドーマン著)という本を読んでいたら、「たくさんハイハイしたかどうか」が、運

雪上ハイハイ。
アーチは元からここにありました

あら、あら、また戻ってきました

動能力と大いに関係のあることが書かれていました。

　あや先生は、早速、サッちゃんと一緒にハイハイをやってみました。

５ｍや10ｍのハイハイでも、手の運びがぎこちなく、嫌がりました。

「サッちゃん、ハイハイ、やったことないの？」

と聞くと、

「うん。」

と答えました。

　そんなはずはないとは思いますが、充分にやっていないことは確かだと思いました。

「焼き芋ゴロゴロ」（両手両足をまっすぐに伸ばしたまま、横に回転していく遊び）もやってみました。これも、なかなかうまく転がれませんでしたが、毎日やっているうちに楽しくなってきたようです。特別支援学級での朝の会の定番となりました。

　二学期に入ってからは、散歩と併行して「平均台」の練習も始めました。同じ本の中で、バランス感覚を育てるプログラムとして紹介されていました。

初めての時、サッちゃんは一人で平均台を歩けませんでした。

「こわい。」

と言って、あや先生の手をきつくつかんでいます。

あや先生は、

「大丈夫だよ。」

と言って、サッちゃんの手をつかみながら、何とか歩かせました。

　サッちゃんは、初めてのものに対しては、「できない」とか「むずかしい」と言って、非常に抵抗があります。そう言いながら、泣きわめくこともよくあります。でも、二日、三日と少しずつ繰り返していくと、確実に進歩していくのです。あや先生もそのことが分かってからは、長い時間をかけながら、一緒に一歩一歩進んでいこうと考えました。

やがてサッちゃんは、一人でも落ちずに、平均台の上を歩けるようになりました。その姿を見た、特別支援学校の先生（相談員）がとてもびっくりしていました。

自転車に乗れるようにしたい

サッちゃんが自転車に乗れるようにしたいと、あや先生は思いました。三輪車にのったことがあるか聞くと、サッちゃんはないと言います。

早速、隣りにある保育園から三輪車を借りてきました。

サッちゃんは、右足と左足を連動してこぐということが出来ません。それでも何日か練習しているうちに、どうにか変わりばんこにこげるようにはなりました。でも、まっすぐに進みません。バランスよく両手で舵を取れないのです。

サッちゃんが三輪車を練習しているのを見て、「わたしも、練習したい。」

と、二年生のユキちゃんが言いました。ユキちゃんも保育園の時、あまりやったことがなかったそうです。ユキちゃんは、とてもうれしそうに乗っていました。

サッちゃんがある程度三輪車がこげるようになると、自転車の練習に入りました。あや先生の家にあった子ども用の小さい自転車が、サッちゃんにぴったりあいました。

まず、自転車を引いて歩くことから始めました。予想していた通り、初めはぐらぐらしていましたが、練習するたびに安定してきました。それから、スタンドを立ててペダルをこぐ練習。これは簡単です。足にあまり力がいらないからです。その後、サドルに腰をかけて歩く練習をし、バランスをとる練習に入っていきました。これがうまく出来るようになったので、いよいよ足でこぐ練習です。あや先生が自転車の後ろをつかんで倒れないようにして、サッちゃんがペダルをこぐのです。でも、なかなかうまくこげません。

　練習をうらやましそうに見ていたユキちゃんは、

「わたしも自転車乗れないんだ。まだ、補助輪つけてるの。サッちゃん、いいなあ。わたしも自転車練習したい。」

と、あや先生に言いました。

　サッちゃんの学校では、三年生になったら自転車教室があり、うまく乗れるようになったら、道路を乗ってもよいことになっています（もちろん保護者の責任においてです）。だから、三年生になった時に自転車に乗れないと、他の子と遊ぶ時に困ります。サッちゃんとユキちゃん以外の二年生はみな、自転車に乗れるので、ユキちゃんは焦っていたのです。

　あや先生は、ユキちゃんとも一緒に練習することにしました。ユキちゃんの場合は、バランスをどう取るかだけの問題ですから、何度か後ろをつかんであげた後、一人で乗せてみたら、すぐに乗ることが出来ました。初めはハンドルを上手く切れず、ふらついていましたが、駐車場を何度か往復しているうちに、安定していきました。

　ユキちゃんは、

「乗れた。」

と言って、大喜びです。

　その姿を偶然目にした二年生の男の子たちが、

「ユキちゃん、すごい。」

「ユキちゃん、自転車乗れたよ。」

と言って、自分のことのように喜んでくれました。

　それから、治くんは、教室にいた塩崎先生に、

「塩崎先生、ユキちゃんが自転車乗れたよ。」

と教えました。塩崎先生も、

「ユキちゃん、よかったね。」

と言って喜び、学級通信でも紹介してくれました。

その日、ユキちゃんは早速、自転車の補助輪をとってもらいました。自分の自転車でもうまく乗れたそうです。

それからユキちゃんは、サッちゃんが自転車を使っていない時、颯爽（さっそう）と自転車に乗っていました。

あまりに素敵な笑顔で乗っているので、あや先生は、

「ユキちゃん、おうちの人と一緒に自転車で散歩に行けば、もっともっと上手になるよ。」

と言いました。ところが、ユキちゃんから返ってきたのは、

「お母さん、一緒に散歩に行ってくれない。もう、あなたは自転車に乗れるようになったんだから、それでいいでしょって、言って。」

という言葉でした。

ユキちゃんのお母さんは、お家にいるのにさびしい話です。

それでも、ユキちゃんは、サッちゃんが自転車を練習しているとやって来ては、

「わたしが、お手本見せてあげる。」

と言って乗って見せたり、

「わたしが、後ろをつかんであげる。」

と言って、何度かサッちゃんの補助をしてくれました。ユキちゃんもサッちゃんのことを応援してくれていたのです。

そして、ユキちゃんは、自転車が乗れるようになったことを作文に書きました。「自転車の練習」という題の紙版画も作りました。サッちゃんが練習しているのを、ユキちゃんがつかんであげているところだそうです。塩崎先生が教えてくれました。


結局サッちゃんは、冬までには自転車に乗れるようにはなりませんでした。

それでも、あや先生はよかったと思っています。うまくいかないと嫌がることもあった練習だったのに、後半になって楽しみにしていたことが分かったからです。

それは、晩秋に教育委員会の学校訪問があり、きれい好きな校長先生が、玄関にあるものを全て片づけようとした時のことです。学校の玄関は、職員玄関と児童玄関が一緒になっていて、サッちゃんの自転車もそこに置いてありました。

雨が続いていたので、校長先生は、

「サッちゃん、もう自転車しまってもいいですか。」

と聞きました。サッちゃんは、

「だめ。まだ練習するから。」

と答えたということです。

あや先生は、三年生になったらまた、自転車に挑戦させたいと思っています。

浄水場からの帰り道

　その日、サッちゃんとあや先生は、銀杏の葉を拾いに出かけました。浄水場の入り口のところに、銀杏の木がありました。その葉を使って、動物を作ったり、かわいいマスコットを作ったりしたいと思っていたのです。でも、銀杏の葉っぱは、まだ黄緑色でした。

　道端の草刈りが行われた後だったので、浄水場前の原っぱでは、刈った草をおばさんたちが、ほうきのようなもので集めていました。

　あや先生は、聞きました。

「それは、何というものですか?」

一人のおばさんが、

「これ?、これは熊手。」

と答えました。

　あや先生は、それを使ったことがありますが、正式な名前を知らなかったのです。あや先生の家では、それを「ガリバギ」と言っていました。

「この辺りでは、熊手のこと、ガリバギと言いますか?」

改めて聞くと、そのおばさんは、

「そうだね。この辺りの人は、ガリバギと言ってるね。」

と、教えてくれました。

「おばさんが、草を集める。」

「おばさんが、草を集める。」

　坂を下りる時、あや先生はサッちゃんと、走る競争をすることにしました。走る時、サッちゃんは、足を思い切って前に出せません。

　あや先生は、サッちゃんに言いました。

「途中で止まったら、サッちゃんの負け。先生は、大人だから、サッちゃんの五メートル位、後ろからスタートするからね。」

「ヨーイドン。」

　下りの坂道だから、どんどんスピードが出ます。そのスピードにのって走れば早く下りられるのに、サッちゃんは、そのスピードに逆らって止まってしまいました。一回目は、あや先生の勝ちです。でも、サッちゃんは、「負けても、別にいいもん。」という顔をしています。

　そのスピードにのって、止まらずに下りることが出来るようになったのは、五回目に行った時のことでした。サッちゃんは、

「やったあ。」

と、歓声を上げて喜びました。

　その坂から、学校に向かう途中に、ケアハウスがあります。そこには大きな池があり、睡蓮のピンクや白い花がとてもきれいに咲いていました。コイもたくさんいます。

　でも、サッちゃんは、池には近づこうとしません。柵がないから怖いのでしょうか。朝の会では、「かえるの合唱」をリクエストすることが多かったのに。睡蓮の葉っぱにカエルがのっていても、全く興味なし。

　秋が深まってくると、どういうわけか、お日様が出ていても、睡蓮の花は開かなくなってしまいました。そればかりか、葉っぱの色も緑から赤緑へと変わってしまいました。そして、前にはあまりよく見えなかった、池の中の様子やコイがよく見えるようになってきました。

　その頃になってようやく、サッちゃんは、池の端に寄ってコイをじっと見つめるようになりました。

「先生、先生、こっちに来て。」

「お魚、いっぱい、いるよ。今、何してるのかな?」

と聞くので、あや先生は、

「みんなでお話してるんじゃない。」

と答えました。

　今では、われ先にと池の端に立って、

「今日は、何してるのかな。」

「みんなで遊んでいるのかな。」

と言いながら、コイを見つめているサッちゃんがいます。

台風で落ちてしまったりんご。１度片付けたようですが，まだこんなに残っています

嵐の後で

りんごの収穫を間近にひかえているのに、すごい雨と風、そして、ひょうまで降りました。農家の人たちは、とても大変です。春のひょう害だけでも大変だったのに、秋の収穫を目の前にして、二度目のひょう害です。

りんごに、ひょうの跡がいっぱい付きました。これでは売り物になりません。市場では、収穫した場所によって、どんなにいいりんごも初めから値段の上限が決められてしまいました。味に変わりはないのだから、見かけでなく買ってくれたらいいのにと、いつもあや先生は思います。あや先生は、りんご農家の生まれです。

この嵐で、サッちゃんの学校のグランドにも、たくさんの葉っぱが落ちました。近くの家の木の葉まで、飛んできました。マラソンコースも、葉っぱだらけです。このままだと、来年の春が大変です。

そこで、あや先生は、提案しました。

「サッちゃん、お天気のいい日に落ち葉掃きしない？」

「いいよ。」

と、サッちゃんは答えました。

風もさわやかな秋晴れの日、サッちゃんとあや先生は三時間目から、グランドの落ち葉掃きをはじめました。学校の熊手を使って。

金属製の熊手を引くのには力がいります。サッちゃんは初め、力を入れて熊手をひくことが出来ませんでした。でも、やっているうちにうまくなっていきまし

「きれいになったよ」（２年、12月）

た。サッちゃんは一本の線を書くように掃くので、あや先生は、「ふきんでテーブルを拭く時のように、少し掃いたら隣りも掃くこと」を教えました。これも何度もやっているうちに、ちょっとずつ出来るようになっていきました。うまく掃けると、地面に細かい筋が出来ていきます。

　三時間目の途中からは、技能主事の山田さんも来てくれました。三人は黙々と落ち葉掃きをしました。

　あや先生は、この落ち葉を燃やして、焼き芋をしようと考えていました。今年、二年生のさつまいもは大豊作だったのです。

　だいぶ落ち葉が集まったところで、あや先生は、焼き芋の準備をしに学校に入りました。あや先生がいなくても、サッちゃんは一生懸命、落ち葉掃きをしていました。

　準備が出来たので、落ち葉を集めて火をつけることにしました。校庭の片隅に落ち葉を集めました。サッちゃんも落ち葉を熊手で引っ張ってきます。その下にお芋を入れて、火をつけました。乾いた葉っぱは赤い火を上げて、元気よく燃えました。まだ濡れている葉っぱは、白い煙を出しながら燃えていきました。

　四時間目がおわり、給食の時間になっても、まだ落ち葉はいっぱい残っていました。サッちゃんとあや先生は、給食が終わるとまた外に出ました。その時、おもしろそうだと、二年生ののりちゃんとユキちゃんも一緒に来ました。落ち葉掃きが初体験のユキちゃんは、少しやると、

「ああ、疲れる。」

と言って、やめてしまいました。

　でも、サッちゃんは一生懸命です。一度も、「もう、やめたい」とか、「もう、終わりにしよう」とは言いませんでした。あや先生は、サッちゃんがこんなに根気強く働けるとは思ってもみませんでした。

昼休みの間に落ち葉は燃えてしまい、焼き芋もできあがりました。

五時間目、二人は焼き芋を食べました。あや先生は、サッちゃんに三個あげました。サッちゃんは、

「おいしい。おいしいね。」

と言いながら、二つ食べました。

残りの一つは、家に持って帰りました。その一つを家族みんなでちょっとずつ、おいしく食べたとお母さんが教えてくれました。

そして、サッちゃんはあや先生に、

「また、来年もやろうね。」

と言いました。

「おいもとったよ」（2年、10月）

リンゴの木のうろに巣を作ったフクロウ。
昼なのに写真なんか撮ってゴメン

絵本を読む

「見てないから、わからない。」

サッちゃんがそう言ったのは、春の音楽の時間のことでした。

二年生の塩崎先生が、「小犬のワルツ」という鑑賞曲を聴かせた後で、

「この曲を聴いて、どんな様子が浮かんできましたか。どんなことを感じましたか。」

と聞いたのです。間髪を入れずにサッちゃんは、

「見てないから、わからない。」

と、言いました。

その時初めて、サッちゃんは想像するということがうまくできないんだと知ったのです。

あや先生は、自分で絵本を読むのも、読み聞かせするのも大好きです。それで、毎日一冊、サッちゃんに読み聞かせをしていました。サッちゃんはあや先生の隣りで、じっと絵本に見入っていました。熱心に聞いているように見えたので、サッちゃんはお話の内容がわかっていると思っていました。ところがある時、主人公が何をしたのか聞いたら、

「わかんない。」

という返事が返ってきて、愕然としたことがありました。

サッちゃんにとって、絵本とは文字通り「絵」の本で、絵を見るだけの本だったのです。だから、どんな厚い本だってものの数分もあれば、すぐに一冊見終わってしまいます。

文字が眼に入らないサッちゃんですから、音読なども苦手としていました。よく分からない言葉はあるし、言ったことのない言葉は、すぐにはうまく言えません。あや先生が何度か言い

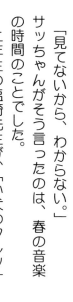

直させても、言えないことが多いのは、前に書いた通りです。

それでも、易しい一年生用の教科書を毎日一ページずつ音読練習していったら、だいぶ上手に読めるようになっていきました。二学期に入ると、会話文などには感情が込められ、あや先生もサッちゃんの家族もその上達ぶりに目を見張りました。


あや先生は、一日も早く絵本の文字を読ませたいと、その時をねらっていました。サッちゃんが易しそうな絵本を見ていると、あや先生は言うのです。

「サッちゃん、先生にその絵本、読んで聞かせてちょうだい。」

でも、サッちゃんは嫌がって、

「もう、うるさいなあ。私は絵を見るの。」

というばかりです。


そんなある日、十一月に入ってからのことです。

授業が終わると、サッちゃんとあや先生は、いつものように二年生の教室へ行きました。帰りの会は二年生と一緒だからです。たいてい、帰りの会が始まるまでには時間があります。帰りの会の前に、二年生の子どもたちは、宿題をメモしたり、その日勉強したワークや漢字テストの直し等をやっているからです。それらのことが終わってしまった子は、読書しています。その間、サッちゃんは絵本を見たり、係の仕事をしたりしています。九九の練習をしたり、漢字の練習をしたこともあります。

その日、サッちゃんは、本棚から絵本を持ってきました。それは、「赤ちゃんとお母さんの絵本」シリーズの中の二冊でした。見開きの左ページに絵があり、右のページには、簡単な文が二、三行しかありません。おまけに文字は、全部ひらがなです。

あや先生は懇願しました。

「サッちゃん、この絵本読んで。お願いだから、先生に読んで聞かせてちょうだい。」

サッちゃんは、

「エー。」

と言いましたが、あや先生は懲りずに何度もお願いしました。そうしたら、サッちゃんは、

「もう、しょうがないなあ。」

と言いました。

　サッちゃんの「しょうがない」とは、「仕方がない、そんなに言うならやってあげよう」ということです。あや先生は大喜び。

　さっそく、サッちゃんはあや先生に、「いそがしい　いそがしい」（山本まつ子作）の絵本を読み聞かせしてくれました。この絵本は、小さな女の子が一日お母さんをやってみるお話で、その結果が、「いそがしい、いそがしい」なのです。お母さんは、ご飯も作らなければいけないし、洗濯もしなくてはいけない。やらなければいけないことがいっぱいです。

生きた学習

　そのお話が終わると、あや先生は、残っている一冊も読んでほしいと言いました。サッちゃんはまた、

「しょうがないなあ。」

と言いながら、読み始めました。

　それは、「たからもの　なあに」（山本まつ子作）という絵本です。

「これ、なんだとおもう？　ぼくのたからものだよ。ビーだま……。」

と始まって、ぼくが家族一人ひとりの「たからもの」について紹介していきます。そして、一番最後に「おかあさんのたからものは…」と言った後、「**ぼく**だよ。」とお母さんに抱きついていくのが印象的なお話です。ぼくがお母さんに愛されていること、お母さんのことが大好きでたまらないこと

がよく伝わってきます。

　サッちゃんの読み聞かせが終わって、あや先生が、

「このお母さんの宝物は、ぼく。サッちゃんのお母さんの宝物は……」

と言いかけた時、隣りの高志くんが、言いました。

「サッちゃんのお母さんの宝物は、サッちゃんとヨウコちゃんだよ。ぼくのお母さんの宝物は、ぼくとぼくのお兄ちゃん。」

　すると、向こうから声がしました。ユキちゃんでした。ユキちゃんは、わざわざあや先生のところにやって来て言いました。

「わたしのお母さんの宝物は、絶対、わたしじゃない。だって、お母さん、わたしがおしゃべりだから、うるさいって。」

　何のことやら分からないサッちゃんは顔色一つ変えませんでしたが、高志くんは驚いた顔で、

「エー。そんなことはないよ。」

と反論しました。でも、ユキちゃんは、

「わたしがうるさいからって、家にいなければ、どんなに静かだろうって言うもん。」

と言いました。あや先生も、

「絶対、そんなことはない。ユキちゃんのお母さんは、ユキちゃんのこと、大好きだよ。」

と言いましたが、ユキちゃんは受付けません。

　そこに、また一人、

「ぼくのお母さんの宝物は、ゲームだよ。」

と平然と言った子がいました。文男くんです。

　高志くんもあや先生も、びっくりしてしまいました。

あや先生は聞きました。

「どうして、そう思うの？」

「だってね。お母さんがゲーム（テレビゲーム）している時は、ぼくが話しかけても、何も聞いてくれないもん。」

サッちゃんの読み聞かせがきっかけとなって、それぞれの子が抱えている寂しさや悲しみ、愛されたい気持ちが痛いほど伝わってきました。

これが本当の生きた学習です。学習とは本来、このようなものであるべきだと、あや先生は思っています。自分の実際の生活から考えて、本音を言えるところに学習は成立するからです。私たちは誰も彼もみんな幸せになりたいと思っている。楽しく暮らしたいと思っている。でも、現実は違います。寂しさも悲しさも、みんなの中に出して知ってもらい理解してもらうことでしか、軽減することはできないのです。

教育とは、「学力をつける・高める」ということよりも、人間として生きていく力ー心の豊かさを育てることです。それが、人が成長するということなのです。

二年生の子どもたちが、サッちゃんのすることに関心を寄せてくれることを、あや先生はありがたいと思っています。二年生の学級では、コの字型に机が配置されていますが、子どもたちはそれぞれ自分のことをやりながら、サッちゃんが読むのを聞いていたのです。

塩崎先生は教卓にいて、プリントを持ってきた子のまるつけをしていました。「たからもの」についての子どもたちのやりとりを、塩崎先生は何も聞いていなかったので、あや先生は後で伝えました。塩崎先生は驚いた顔で聞いていました。どの子にもその子なりの寂しさや悲しみがある、ということに気づいたのでしょう。それからは、ユキちゃんや文男くんのことだけでなく、二年生の子どもたちのことが、塩崎先生とあや先生との共通の話題となっていきました。

雪だるま作り

どうしたわけか、今年はいつもの年より早く雪が降りました。まだ十一月なのにあたり一面真っ白です。サッちゃんの学校の校庭も真っ白。お日様の力でとけた雪が、次の日には魔女のとがった爪のようなつららになって、屋根から下がっています。

サッちゃんは、外の雪を見ては、朝からわくわくしています。

朝の会が終わると、あや先生は言いました。

「サッちゃん、雪だるま、作ったことある？　一緒に雪だるま作ろう。」

サッちゃんは、雪だるまを作ったことがありません。でも、サッちゃんは言いました。

「一人だけだと寂しいから、三人作ろう。まず、お母さん作って、それから子どもも作ろう。」

サッちゃんとあや先生は、身支度して外に出ました。

あや先生は、まず雪玉を固く握ることを教えました。それから、ころころ雪の上を転がしました。サッちゃんは初めてなので、なかなか雪玉に雪がつきません。あや先生は、雪玉を雪に押しつけるようにして転がすことを教えました。あや先生も雪玉を転がしました。

雪だるまの頭はサッちゃん、体はあや先生が作ることにしました。サッちゃんは、はあはあ言いながら、雪玉を転がしていきました。途中で吹雪《ふぶ》いて来て、前が見えなくなった時もあったけど、サッちゃんは、やめようとはしません。積もったばかりの雪の中を歩くのは結構大変なので、サッちゃんにとっていい運動になると、あや先生は思いました。

たくさん動いて体が熱くなったサッちゃんが、犬のように舌を出していたことが、あや先生のとったスナップ写真からわかりました。

だいぶ時間がかかったけど、ようやく頭ができました。もちろん、あや先生もそれより大きな体を作り終えました。あや先生の体も熱くなってきました。

いよいよ雪だるまに合体です。サッちゃんは、自分が作った頭を体に載せようとしましたが、大きすぎて一人では持てません。あや先生と二人で、「よいしょ」と言って、載せました。サッちゃんの背ぐらいもある大きな雪だるまができました。

それから、遊具のタイヤの下や、松の木の根元の雪を掘り返しました。松ぼっくりがありました。松の小枝もありました。そして、すずかけの大きな葉っぱも見つけました。

松ぼっくりは目に、小枝は口に、そして、手の代わりにすずかけの葉っぱをさしました。最後に、サッちゃんは、頭の右の方にも葉っぱをさしました。

あや先生が、

「それは、何?」

ときくと、サッちゃんは、

「りぼん。」

と答えました。

とっても愛らしくてすてきな、雪だるまの完成です。

あや先生は、記念写真を撮ることにしました。

「さあ、サッちゃん、雪だるまのとなりに並んで。」

にこにこ顔のいい写真が撮れました。雪だるまの左側に立ったサッちゃんは、なぜか左手を頭のあたりにあてながら、写っていました。

学級通信でこの写真を紹介すると、先生方は、

「こんなに大きいの、作ったの。」

と、びっくりしていました。

記念写真の後、あや先生は、

「お母さんができたから、今度は子どもを作ろう。」

サッちゃんが作るとこんなにかわいくなります。

と言いました。サッちゃんは、

「うん。いいよ。一人だけだと寂しいからね。」

と言いました。

でも、サッちゃんは、少し雪玉を転がしただけで、

「疲れた。」

と言って、雪の上に大の字になって、伸びてしまいました。

あや先生がもう二つ作って、雪だるまは全部で三つになりました。横一列に並べたら、とっても楽しい家族ができあがりました。

雪だるまがこわされる！

二時間目終わりのチャイムがなって、一年生の子どもたちが、歓声を上げながら外に出て来ました。

「二年生にこわされる。」

と、サッちゃんは言いました。

あや先生は、

「大丈夫。誰もこわさないから。」

と言って、外に出て来た子どもたちに、二人で作った雪だるまを紹介し、壊さないようにお願いしました。

一年生の子どもたちは、

「わあ、でっけえ。」

「すげえなあ。」

「これ、全部サッちゃん作ったあ。」

と口々に言いながら、

「ぼくも、雪だるま作ろう。」

と言って、まだ足跡のついていない方へ走って行きました。

「二年生にこわされる」の言葉を聞きながら、あや先生は、春のことを思い出していました。

放課後の１コマ。２年生とブランコ

お天気のよい昼休み、六年生の子どもたちが砂場で遊んでいました。穴を掘ってダムを作ったり山を作ったりして、一大パノラマを作っていました。その楽しそうな姿に、他の学年の子どもたちも一緒になって、大作を作っていたのです。

　ところが、サッちゃんは学校から帰る時、わざわざ砂場に寄って、その大作を踏んづけて壊していたのです。それでも六年生は、サッちゃんのことをおこったりはしませんでした。そのことをあや先生が知ったのは、サッちゃんの学級の掃除にきていた、五年生のショウくんが、

「ぼくたちがせっかく作ったのに、サッちゃんがこわしてしまって、頭に来る。」

と言ったからでした。あや先生は、

「ごめんなさいね。でも、サッちゃん、まだ、砂場で遊ぶ楽しさがよく分からないんだよ。許してやってね。」

と言いました。

　それから、休み時間に、あや先生はサッちゃんと一緒に砂場へ行きました。砂の山を作り、その山に一本の棒きれをさしました。それからジャンケンをして、遊びを始めました。少しずつ砂をかいていって棒が倒れたら、倒した人の負けという遊びです。加減してそっと砂をとることができないので、サッちゃんはすぐに棒を倒してしまいました。

　その遊びを見ていた一年生や二年生の子どもたちが、

「私もやりたい。」

「ぼくも入れて。」

と言って、一緒にやることになりました。

　この遊びがきっかけとなって、サッちゃんは一人でも、砂場へ出かけていくようになりました。そして、砂場で遊び出したのです。それからです。砂場を踏んづけて歩くことがなくなったのは。

　作った人の苦労や楽しさが分からないと、人はいとも簡単にいろんなものをこわしてしまいます。でも、一旦その苦労や楽しさが分かると、それに愛着

を感じ大切にするものなのです。

「先生、これ、何て言うの?」

次の日、サッちゃんは、雪だるまの絵を描きました。そして、

「わたし、記念写真の時、こうしたんだ。」

と言ってやってみせたのは、あや先生が何だろうと思ったポーズでした。何とそれは、「敬礼」だったのです。何かの本を見て知ったようです。

雪だるまが「とけたら困る」と思って、敬礼したのだそうです。


その日の昼休みのこと、突然大きな声がしました。

職員室でお茶を飲んでいたあや先生に、サッちゃんは、玄関の受付窓口から呼びかけました。

「ま、え、は、ら、先生、これなあに、これ何て言うの。」

あまりに大きくて切羽詰まったような声だったので、職員室にいた教頭先生まで立ち上がりました。あや先生は何だろうと思い、すぐ玄関へ跳んでいきました。

そこにあったのは、色鮮やかな**そり**でした。技能主事の山田さんが子どもたちのために、倉庫から出してくれたのです。

「先生、これ何て言うの。教えて。」

「これは、『そり』って言うんだよ。」

「何するもの?」

「これに乗って、山から滑ってくるんだよ。」

「ふーん。わたしも乗れる?」

「うん、乗れるよ。」

あや先生がそう言うと、サッちゃんは、元気に外へかけ出していきました。

サッちゃんにとって「そり」は、ついさっきまで、自

スピードが出るーっ!

分の周りにゴチャゴチャとあるたくさんの「もの」の中の一つであって、名前すらなかったのです。去年もそのそりで遊んでいたにもかかわらず。

いくらそこにあっても、本人が認識しなければ「見る」ことも「知る」こともできない。興味関心をもって初めて、人はいろんなことを獲得していくのだと、あや先生はサッちゃんに教えられたのです。

クリスマスを前に

十二月に入り、音楽集会では「赤鼻のトナカイ」が歌われ、二年生の子どもたちの間でも、クリスマスプレゼントのことが話題になり始めました。

「今年、サンタさんくるかなあ。」

「わたし、ゲームほしいなあ。」

「わたしは、ベットをお願いしたの。」

ある日、あや先生は聞きました。

「サッちゃんは、何ほしいの?」

「わたしは、赤とピンク。」

「赤とピンクの何?」

「長靴。」

「はいて歩く長靴?」

「違う。お菓子の入った長靴。赤はヨウコ(妹)の。ピンクはわたし。」

やっと話の分かったあや先生は、サッちゃんに言いました。

「じゃあ、『お菓子の入った、赤とピンクの長靴ください』って、サンタさんにお手紙書かなくちゃ。そのお手紙を机の上に置いておけば、きっとサンタさん、見てくれるんじゃないかなぁ。」

そんなある日のこと。サッちゃんはお母さんに言いました。

「ママ、窓のカーテンとテーブル、あと、ぬいぐるみも片づけて。カーテンはしまって。」

あまりに突然なので、お母さんはびっくりしました。

それから、サッちゃんが、

「お手紙、書くの。」

と言ったので、お母さんはききました。

「どうして、カーテンとテーブルを片づけるの？」

サッちゃんは答えました。

「だって、サンタさん、入って来られないもの。手紙も持って行けないもの。」

お母さんは、思いました。

『うーん。確かに。窓から入るには、じゃまなカーテンとテーブル、ぬいぐるみだわ。』と。

サッちゃんの部屋の窓にはカーテンがかかっており、窓側にテーブルがおいてあったのです。

お母さんは、こんなふうにサッちゃんが考えたことを知って、またびっくりです。だって、こんなことは初めてなんですから。何かをするために、こうしてほしいということは、今までなかったのです。

「じゃあ、クリスマス前の21日に片づけるのでいいかなあ。」

「いいよ。」

そこで、サッちゃんは、安心したように手紙を書きました。


サンタクロウスさん、プリキュアの赤とピンクのながぐつください。おねがいします。

サチコより

ちょっと字がまがっていました。お母さんは、

「これじゃあ、サンタさんわからないよ。きちんと書き直そう。」

と言いました。

サッちゃんは、何も言わず書き直しました。サンタさんに分からなかったら、大変ですから。

鮮やかな花をつけるノウゼンカズラ

それから、窓のところにその手紙を置きました。

サッちゃんがほしいのはゲームだとばかり思っていたお母さんは、お菓子だったことに半分苦笑いしながら、でも良かったと思いました。

のりちゃんへプレゼント

誕生日が間近にせまって、二年生ののりちゃんは、朝の会でも給食の時でも、誕生日のプレゼントのことばかり話題にしていました。

「きのう、お姉ちゃん（お母さんの妹、若いのでこう呼んでいる）が買ってきて冷蔵庫に入れておいたお菓子を勝手に食べてしまったから、お姉ちゃんにすごく怒られた。だから、誕生日のプレゼント、来ないかもしれない。」

おばさんからプレゼントがもらえるかどうかが、のりちゃんの一番の関心事で、口を開けばそのことばかり言っています。

それでサッちゃんにも、のり

ちゃんの誕生日のことが分かったようです。ちょうど、誕生日の前の日でした。

　サッちゃんは学校から帰ると、熊のぬいぐるみを持ってあわてて出かけようとしました。びっくりしたおばあちゃんが、

「ぬいぐるみ持って、どこに行くの?」

と聞きました。サッちゃんは、

「のりちゃんにプレゼント。今日、のりちゃんの誕生日だから。」

と答えました。

「のりちゃんによばれてるの?　来てねって言ってた?」

「ううん。何も言ってない。」

　そんなやりとりのあと、サッちゃんは結局、のりちゃんの家には行きませんでした。おばあちゃんが、のりちゃんの家でお誕生会が開かれるものと考え、よばれていないのに行ったら迷惑だと教えたようです。

　仕事から帰ってきて、話をきいたお母さんは、目を丸くしました。それから、凛ちゃんのおかげだと思いました。サッちゃんの誕生日に、凛ちゃんがぬいぐるみのプレゼントをくれたことは、前に書いたとおりです。

　サッちゃんが誰かに贈る初めてのプレゼント。それも、自分で考えて贈るプレゼントなのですから、とっても素晴らしいことです。

　連絡帳でこのことを知ったあや先生は、サッちゃんに言いました。

「今日、のりちゃんの誕生日だよ。今日、プレゼント持って行くといいよ。」

　こうして、サッちゃんは、初めてのプレゼントをのりちゃんに渡すことが出来ました。


　のりちゃんは、一緒に帰る二年生の友だちの一人です。

一年生の時から、サッちゃんのお世話をしてくれる優しい女の子です。サッちゃんがみんなと同じように出来なくても、責めずにかばってくれたり、励ましてくれたこともあります。また、サッちゃんのがんばりを見つけては、ほめてくれます。だから、サッちゃんはのりちゃんが大好きです。

　注意されることは大嫌いなサッちゃんですが、あや先生が注意してきかないことでも、のりちゃんが言うときくことがあります。それはのりちゃんの優しさと、のりちゃんへの信頼がそうさせるのだと、あや先生は思っています。

参観日の日、のりちゃんはサッちゃんのお母さんに、

「サッちゃん、縄跳び、四十回も跳べるようになったんだよ。」

と教えてくれたそうです。

春には、縄跳びが一回もできなかったサッちゃんでしたが、二学期も後半になると、続けて跳べるようになっていました。

それは、体育の時間、のりちゃんが、

「サッちゃん、がんばれ。」

と応援し、みんなが、

「一、二、三、四、……」

と跳ぶ数を数えて応援してくれたおかげです。

サッちゃんが40回跳べた時、二年生の子どもたちは、

「すごい。」

と歓声をあげ、大きな拍手で、自分のことのように喜んでくれました。

サッちゃんはとっても嬉しそうに、息をはずませていました。

あや先生は、サッちゃんの頑張りをほめながら、子どもの力ってすごいなあと、思いました。跳んだ回数がふえたこともそうですが、何より二年生の応援の力に感心していたのです。

のりちゃんと2人跳び。上手でしょ

ほしかった「キー坊」

三学期が始まり、フェスティバルの準備が始まりました。一月の末に生活科の学習で、フェスティバルをやるのです。これは、二年生がいろいろなゲームを考えて準備し、お店を開くというものです。

今年は、一年生と保育園の年長さんを招待することになりました。

二年生のみんなが考えたゲームは次の通りです。

①紙ずもう　②くじ　③ボウリング　④的あて　⑤魚つり

サッちゃんも二年生の一員ですから、準備から一緒にやりました。

サッちゃんはのりちゃんと、紙ずもうのお店の係になりました。ゲームの説明も、二人で分担して言うことにしました。サッちゃんは、あや先生とも何度も練習しました。

サッちゃんは、フェスティバルの日をとても楽しみにしていました。

フェスティバル当日も大張り切りで、お客さんがいなくなると二人で、

「さあ、いらっしゃい。いらっしゃい。紙ずもうは楽しいよ。」

と大きな声で、客寄せまでしました。

どのお店も大にぎわいで、保育園の子どもたちが、思わず、

「楽しい。」

と言うのを、あや先生は何度も聞きました。

フェスティバルは大成功でした。

次の週の学級活動（学活）の時間は、二年生がフェスティバルのゲームを楽しむことになりました。サッちゃんが一番楽しみにしていたのは、**くじ**でした。くじの賞品がまだ残っていたからです。

その賞品の中にぬいぐるみの「キー坊」がありました。「キー坊」というのは、マンガ「ドラえもん」の中に出てくる、木をモチーフにしたキャラクターです。サッちゃんは、「キー坊」がほしかったのです。

二年生の教室に行くたび、「キー坊」にさわっては、

「ヨウコ（妹）、キー坊大好きなんだ。」

と言いました。

ある時には、

「キー坊を暖めてあげる。」

紙ずもうの景品のピカチュウを作っています

青空に映えるピンクの花、百日紅（サルスベリ）

と言って、自分の服の中（お腹のところ）に掃除の間中、ずっと入れていました。それで、サッちゃんがキー坊をほしがっていることは、みんなが知っていました。

　でも、あや先生はサッちゃんに言いました。

「キー坊をもらえるとは限らないよ。くじに当たらないこともあるし。だから、キー坊が当たらなくても、泣いたりしないんだよ。」

サッちゃんは、分かったという顔でうなずきました。

　いよいよ学活の時間がやって来ました。

あや先生は、もう一度、サッちゃんに言いました。

「キー坊をもらえなくても、ほしいほしいと言って泣いたりしないんだよ。」

　くじ担当の男の子が準備をしているとき、誰に言われたわけでもないのに、サッちゃんは、セロテープを持ってその男の子を手伝っていました。

　いよいよ、くじが始まりました。誰が何を当てるかと、みんな静かに見ています。最初にくじをひいたのは、のりちゃんです。のりちゃんは、「大当たり」をひきました。何と、「キー坊」は大当たりの賞品でした。でも、のりちゃんはすぐには賞品をとりません。何か悩んでいるようにも見えました。

　その時、列の後ろから、高志くんの声がしました。

「のりちゃん、キー坊をとって、サッちゃんと交換してあげたら。」

あや先生は、高志くんの優しさを感じました。その言葉は、決して無理強いするというものではなく、のりちゃんならそうしてくれることに何の不思議もないといった感じの言い方でした。のりちゃんはサッちゃんに優しかったし、お世話もしてくれていたからです。高志くんと同じように考えた子は他にもいただろうと、あや先生は思います。

それでも、あや先生は言いました。

「のりちゃん、のりちゃんがほしかったら、キー坊をとればいいんだよ。いやなら、交換してあげなくていいんだよ。」

のりちゃんは、「キー坊」をとりました。とてもうれしそうでした。

やがて、サッちゃんの番がきました。サッちゃんも、「大当たり」をひきました。そして、ぬいぐるみの「ポッチャマ」（ポケットモンスターに出てくるキャラクター）をもらいました。あや先生も二年生の塩崎先生も、この先どうなるのだろうと思いました。でも、サッちゃんは、「交換して」とは言いませんでした。あや先生は、ぬいぐるみを持っている二人を並べて写真をとりました。

帰りの会で、たくさんの子どもたちが、

「ゲームが楽しかった。」

と発表しました。

サッちゃんも発表しました。

「五時間目、ゲームのくじで、キー坊をのりちゃんに取られちゃったけど、がまんすることができました。」

はっきりした声でした。

塩崎先生は、

「すごい。サッちゃん、がまんできたんだね。すごいね。」

と感動した声で言いました。

そして、「先生のお話」の時にも、

「サッちゃんすごいね。国語や算数の勉強も大事だけど、こういう勉強はもっと大事です。」

と言って、またサッちゃんのことをほめてくれました。

サッちゃんは、うれしそうに聞いていました。

次の日、のりちゃんはサッちゃんにお手紙をくれました。

サッちゃんへ
サッちゃんは、やればできるんだよ。
サッちゃん、こんどいっしょにあそぼうね。
ドッジボールをやろうね。
ばしょはたいいくかんだからね。
ひるやすみだよ。わかった。
あと、「きみちゃん」もいれようね。
やさしくしてね。いっしょにあそんであげてね。
チームはわたしとサッちゃんだよ。
サッちゃんも手紙をかいてね。
のりこより

これは、ホウの木の花です

封筒の口には、舌を出した犬のシールが貼ってあって、それもサッちゃんを喜ばせました。

サッちゃんは帰る時にもまた、その手紙を出して読んでいました。

その後、のりちゃんは何度かお手紙をくれて、

「サッちゃんもお手紙書いてね。」

と、言いました。

サッちゃんは、のりちゃんからもらった手紙を一生懸命読みました。そして、返事を書きました。

その手紙を見たのりちゃんは、

「サッちゃん、もっと字、丁寧に書いた方がいいよ。だって、これだとよくわかんないよ。」

と言いました。

サッちゃんの文字は、決して粗末だったわけではありません。でも、サッちゃんは黙って聞いていました。

参観日に妹がくる!?

二月下旬、学年末の参観日の朝、サッちゃんはあや先生に言いました。

「今日ね、ママとヨウコ（妹）と来るんだよ。」

ヨウコちゃんは、いつもは保育園に行っています。あや先生は、

「ヨウコちゃん、サッちゃんの勉強見るの、大丈夫かなあ。静かに見ていられるかなあ。」

と言いながら、お母さんはどうして妹を連れてくるのだろうと、首をかしげました。

授業のチャイムがなったのに、サッちゃんは教室に来ません。不思議に思ったあや先生が迎えに行くと、サッちゃんは妹の手を引いて、階段を上ってきたところでした。いかにも妹がかわいくてしょうがないという感じです。サッちゃんはよきお姉さんなのだと、あや先生は思いました。

教室に入って授業が始まりました。

初めは、文作り。「いつ」「どこで」「だれが」「どうした」の文作りです。サッちゃんは、「いつ」というのが、まだよく分からないのですが、今まであや先生が撮ってきた写真（文作りに使えそうなもの・ことを散歩の度に撮影している）を使いながら、文を作っていきました。

「これ、桜が咲いてるよ。桜が咲くのは、いつだっけ?」

「二年生の翔くんのブランコを押してあげたのは、いつだっけ?」

「音楽の勉強をするのは、何の時間?」

等といろいろ聞きながら、「いつ」なのかをはっきりさせて、文を五つ作っていきました。

三つ出来た時、サッちゃんは言いました。

「ヨウコ、走ってる。」

じっとしていられなくなった妹が、教室の後方にある畳の上（教室の後ろ半分が畳になってい

る」で、走り始めたのです。音で分かったのでしょう。

「じゃあ、それを書こうか。」

「うん。」

それで、四つ目の文ができあがりました。

きょう、教しつで、ヨウコが、たたみの上を走る。

五つの文が出来上がった後で、歌を三曲発表しました。いつもより、のびのびと元気いっぱいに歌うサッちゃんは、とても輝いていました。

サッちゃんをじっと見ながら聞いていた、お母さんの瞳には涙が光っていました。嬉しかったのだと思います。その姿を見ながら、あや先生も胸がいっぱいになりました。

四月にサッちゃんと勉強することが決まった時、あや先生は、歌をいっぱい教えようと思っていました。でも、サッちゃんは言葉がはっきりしないし、リズムもうまくとれないので、何を歌っているのかよく分かりません。そして、直されることは大嫌い。となれば、やればやるほどサッちゃんを苦しめることになるかもしれないと思って、あや先生は歌を断念したのです。

それでも、リズムはとれるようにしたいと思って、一年生の時に習った「子犬のマーチ」のリズムうち（カスタネット）を毎日練習することにしました。叩くところを〇、休みを×の印で書いた紙を黒板に貼って練習しました。たった二小節でも、どこをやっているのか、すぐに分からなくなってしまい、初めは大変でした。でも、「ここだよ」と指示棒で指してあげると、そこを見てやれるようになって、二月（ふたつき）もするとだいたい最後まで出来るようになっていきました。

　断念はしたものの、一学期のうちに一つの歌もしっかり覚えずに終わるなんてあんまりだと、あや先生が思い始めたのは六月の末でした。

　サッちゃんは、音楽自体は決して嫌いではないようなのです。そこで、「明るいやまびこ」という歌に挑戦しました。はじめに歌詞を読ませましたが、単語の途中で切って変に読んでしまいます。あや先生は、歌詞を単語ごとに分け、単語と単語の間をあけて黒板に貼っていきました。それで、どうにか単語としては切りよく読めるようになりましたが、どうしても「ひびく」と言えません。三回くらいも練習したでしょうか、それでもうまく言えません。体をねじり始め、顔色も険しくなりました。あや先生は、もうやめるしかないと思いました。

　その時、サッちゃんが半分泣きながら言いました。

「くやしい。」

初めて聞く言葉でした。

「何がくやしいの？　うまく歌えるようになりたいの？」

と聞くと、サッちゃんは、

「言えなくてくやしい。」

と答えました。

「それじゃ、練習しよう。」

それから二人で、何度も何度も「ひびく」のところを練習しました。そうして、しっかりと歌えるようになったのです。それからしばらくの間は、毎日この歌を歌いました。

　この歌は、サッちゃんの記念すべき一曲です。初めて歌えるようになった歌ですから。今も教室には、単語に分けられたこの歌詞が貼ってあります。この後、「かっこう」が歌えるようになりました。「かっこう」の中に「きりのなか」という歌詞がありますが、サッちゃんは初め、「霧の中」ではなく「キリンの中」と歌っていました。

　一学期には三曲しか歌えなかったけれども、二学期には、音楽の時間に習う歌の大方は歌えるようになっていきました。特別支援学級の朝の会では、自信のある歌は一人で歌いますが、自信がないと、

「一緒。」

と言って、あや先生と一緒に歌うことにしています。最近のお気に入りは、「ふしぎはかせの

大発明」という歌です。

そんなことが一気に、あや先生の頭の中によみがえり、なお一層サッちゃんが輝いて見えたのでした。

最近では、

「歌いっぱい、覚えたね。」

と言うのが、あや先生の口癖です。

歌の後は、鍵盤ハーモニカの演奏です。時々、速くなったり遅くなったりしながらも、サッちゃんは止まらずに三曲弾くことが出来ました。

参観日は大成功。あや先生はサッちゃんの頑張りをほめて、授業を終えました。

学級懇談の時、お母さんが言いました。

「今日は、サチコが、『ヨウコも一緒に見に来てね』というので、ヨウコも連れてきたんです。」

サッちゃんの、「わたしは勉強を頑張っている」という気持ち、妹にその頑張りを見せたいという気持ち、その意気込み。そして、その思いを実現しようとする行動力。

あや先生は、サッちゃんの成長を感じてとてもうれしくなりました。

次の日、あや先生はサッちゃんに聞きました。

「サッちゃんは、ヨウコちゃんに何を一番見せたかったの？　文作り、それとも歌、鍵盤ハーモニカ、どれかなあ。」

「文作り。」

あや先生にとって意外な返事が返ってきました。

きっと、歌か鍵盤ハーモニカだろうと思っていました。でも、今までやってきた文作りの勉強が、サッ

散歩の途中，保育園の子と草花で遊びました

ちゃんにとって負担にはならず、楽しいものだったことが分かって、ほっとしました。

「おもしろい、おもしろい」

二月二十七日、サッちゃんとあや先生は、久しぶりに散歩に出かけました。とってもよいお大気だったから。

今年は降雪量が少なかったので、道路にはもう雪がありません。それでも、サッちゃんの学校のグランドは、まだ真っ白な雪でいっぱいです。学校のスキー山もちょっと草が見えているだけで、やろうと思えば、まだまだスキーができます。

外の風はやはり冷たく、冬の風です。でも、冬とはちょっと違ったにおいが風に乗ってきています。あや先生は、土のにおいをかぐと春だといつも感じます。

今日は、グランドを横切って道路に出ました。秋に落ち葉掃きしたあたりに、松の青い枝がいっぱい落ちていました。

サッちゃんが聞きました。

「これ、何の木?」

「松だよ。ここに、松ぼっくりの赤ちゃんもついてるよ。」

「あっ、ほんとだ。」

「この間、すごい風が吹いたから、落ちたんだね。」

二、三日前に、台風のような大風が吹いて、あちこちで停電していたのです。

人家(じんか)のあまりないところなので、道路のところどころに雪が残っていて、氷も張っています。一面の氷になっているところをあや先生が踏むと、バリッバリッと音をたてて、氷が割れていきます。お天気がいいのでとけているのです。

「サッちゃんもやってごらん。」

サッちゃんは、おそるおそる氷の上にのりました。それから、力を入れて氷を踏みました。また、バリッバリッと音をたてて、氷が割れていきました。サッちゃんは、大きな声で言いました。

「おもしろい、おもしろい。」

おもしろくて楽しくてたまらない、朗らかな声でした。その後もサッちゃんは、氷の張ってあるところを見つけては、氷を割って進んでいきました。

「あっ、松ぼっくり。」

「あっ、爆弾。」

すずかけ（プラタナス）の木の実をつぶすと、中の綿のようなものがはじけるように広がるので、子どもたちはこう呼んでいます。

「あっ、豆の。」

それは、藤の種が入ったさやでした。

道路脇に寄せられた雪の中に、サッちゃんはいろいろなものを見つけては、拾いました。おかげで、ジャンバーのお腹のところが黒く汚れてしまいました。あや先生はそこを、雪でごしごしこすりました。

落ちて茶色くなったすずかけの実

栗の木のところに来たとき、サッちゃんは、

「あれっ、栗はどこ?」

と言いました。

二人が最後に栗の木を見たのは、晩秋です。栗の木にはまだ、いが栗もついていたし、枯れた葉っぱもたくさんついていました。ところが、今は葉の一枚もありません。あや先生は栗の小枝をさして、栗の芽を見せました。

「栗の木、葉っぱがみんな落ちちゃって、裸になっちゃったの。でも、芽がここにあるよ。葉っぱの赤ちゃん。」

「あっ、ほんとだ。」

「来年、また栗たべようね。」

そして、にわとり小屋の前まできました。小屋の入り口がビニールシートで囲われているの

で、中が何も見えません。

「サッちゃん、にわとりさんいるか、見てみようよ。」

小屋の中から、ささやくようなにわとりの声が、あや先生には聞こえました。

「サッちゃん、にわとりさん、いるみたいだよ。コケコッコーって、言ってごらん。」

　サッちゃんは、言いました。

「コケコッコー。」

しばらくして、本物が鳴く、コケコッコーが聞こえてきました。

あや先生は聞きました。

「サッちゃん、にわとりさんは何て言ってるの？」

「ん、コケコッコーって。」

「サッちゃんに、何て言ってるの？」

「おはようって。」

「そうか、朝だからね。」


　道路ばたの小さな川の水は、「ちょろちょろ」と音を立てて流れています。サッちゃんが、落ちている小枝で、魚釣りのまねごとをしたところです。春がもうそこまで来ています。

「あっ、畑に何かあるよ。」

サッちゃんが、声をあげました。三年生の亜美ちゃんのおじいさんの畑に、冬越しのキャベツがたくさんありました。

「あれは、キャベツだよ。ああしておくと、春にまた食べられるんだよ。」

「えっ、そうなの。」

　サッちゃんは、夏に来たときとは違っていろんなことを発見していきます。

　小鳥の鳴き声も聞こえてきます。セキレイは夏にも見ましたが、初めて見る鳥もいます。白と黒の縞々の鳥です。あや先生は、カメラをかまえましたが、残念ながら撮ることが出来ませんでした。

「サッちゃん、鳥さん、いっぱい鳴いてるけど、何て言ってるの？」

「**よく来たなあ**って。」

「そうか。すごく久しぶりだもんね。」

冬の木々の姿は、夏とはまるで違います。杉以外の木々のほとんどは葉を落として裸ん坊になっていますが、どんぐりの木だけは、枯れ葉を枝につけたままです。おかげで、どこにどんぐりの仲間の木があるのか、一目で分かります。

サッちゃんがいいました。

「どんぐり、ないね。」

風が吹いたので、雪の上には大小さまざまの松ぼっくりがたくさん落ちていました。でも、どんぐりは一個もありません。どんぐりは秋には落ちてしまうので、当たり前です。それに、あったとしても雪の下です。

りんごの被害が大きかった嵐の後で、サッちゃんとあや先生はどんぐりをいっぱい拾いました。そのどんぐりで九九の勉強もしたし、ネックレスも作りました。

でも今年、あや先生は、「山では時期をのがすと、どんぐりは拾えない」ことを初めて知りました。フェスティバルの準備のために、十一月になってから、どんぐりを拾いに二年生のみんなと出かけた時には、さがすのが本当に大変でした。どんぐりの木はあちこちにあるのに、三時間かけて結局みんなが見つけたどんぐりは、10個にもなりませんでした。

山の畑でリンゴの仕事をしていたおじさんが言いました。

「もう、りすが持って行ってしまったんではないか。」

そうか、りすが持って行ってしまったんだ。どんぐりは、りすの好物だもんな。みんなは、そう納得して帰ってきたのです。

ドングリはこんなふうに実がつきます

きっと、サッちゃんは、その時のことを思い出しているに違いありません。どんぐり一つにだってこんなに思い出がありました。

「からすうり」があった場所に来たとき、サッちゃんは、その草むらがあったところに入っていって、わずかに残っている何かの木の下の方を捜しました。でも、何もありません。

からすうりは、あや先生がぜひほしいと思っていた物でした。学習発表会の全校合唱曲「真っ赤な秋」に出てくるので、子どもたちに見せたかったのです。

そのからすうりを、あや先生が出張で出かけた時、代わりに来てくれた教務の先生が、サッちゃんと二人で散歩に出て見つけてくれたのです。その日の文作りで、サッちゃんは、書きました。

音ぷみたいな　からすうり。

もちろん、音符にそっくりなからすうりの絵も描きました。サッちゃんは、「～みたい」と言わずに、「～のみたい」と言う癖がついていたので、その癖を直すためにいろんな形の雲を見て、「～みたいな雲」と、形を形容する勉強をしていた時のことです。

散歩の最後は、睡蓮の池です。池に向かう途中で、カラスがカアと鳴きました。

あや先生は、また聞きました。

「ねえ、サッちゃん、カラスは何て言ってるの?」

「寒いねぇって。」

サッちゃんの答えが毎回違うことに、あや先生はにっこりです。

丸い実がカラスウリ

池には、睡蓮の葉の跡形（あとかた）もありません。厚い氷が張ってあり、雪がのっているところさえあります。もちろん、池の中は何も見えません。最後に見た時とのあまりの違いに、サッちゃんはびっくりしたようです。

「一体、どうしたの。」

「お魚はどこに行ったの、死んじゃったの？」

そう言いながら、池の周りをずんずん進んでいきました。それを見た、通りすがりのおばさんが、

「近寄ったら危ないよ。落ちたら大変だよ。」

と、大きな声で注意していきました。

サッちゃんは、池の縁で腹這いになりました。池の氷にさわって、中を見たいようです。あるいは池の氷も、さっき道路の氷を割ってきたように割れると思っているのかもしれません。でも、氷の下を見ることは、できません。サッちゃんは、一カ所だけ凍っていないところを見つけました。池に水が流れてくるところです。今度は、そこへ行って氷にさわろうとしました。危ないので、あや先生は止めました。

「サッちゃん、氷が張って中は見えないの。この氷は、固くてわれないよ。コイは、氷の下で生きているんだよ。春になったら、また見にこようね。さあ、行くよ。」

氷の下で生きていることは、理解できないかもしれません。でも、春になったら分かることです。

学校の敷地に戻ると、今度は雪の上に何かの跡を見つけました。サッちゃんは、

「せんせ。」

と言って、その跡を指さしました。あや先生は、

「これ、何。」

と、サッちゃんに聞きました。サッちゃんは小さな声で、

「と、り。」

と、まるで秘密でも教えるように言いました。

自分の気持ちを伝える

「そうそう。先生に教えなくちゃと思っていたの。」

ある日、塩崎先生があや先生に言いました。

「この間、掃除の時、一年生の祐介くんが、サッちゃんのこと、変な名前で呼んだの。そしたら、サッちゃんが『そんなふうに呼ばないで。』って、祐介くんにちゃんと言ったの。あれは、しっかり伝わりましたよ。」

ちょっとずつだけど、サッちゃんは自分の気持ちを伝えることができるように成長していました。サッちゃんは、塩崎先生担当の区域を掃除しています。

卒業を間近にひかえた六年生との交流給食の時、サッちゃんの隣りには六年生の男の子が座っていました。その日、地域の婦人会の人たちが、炊き込みごはんを作ってくれました。おいしい炊き込みごはんでした。あまりにたくさんの量だったので、給食の時間が十五分延長になりました。子どもたちは、文字通り一生懸命食べました。

「僕は、三杯おかわりした。」

と言う子もいれば、

「〇〇くん、何杯おかわりした?」

と聞く子もいて、何杯食べたかでにぎやかになっていました。

その時、サッちゃんが、

「あなたは何杯?」

と、隣りの六年生の男の子に聞いたのです。周りの話題を聞き取って、自分から話しかけたのです。

サッちゃんが、確かにコミュニケーションの力をつけ始めたのだと、あや先生は感じました。

三月中旬に行われた児童会総会では、サッちゃんも発言しました。サッちゃんの学校の児童会総会では、「友だちの良い行い」を発表するコーナーがあります。親切にしてもらってうれしかったことや、友だちの行いでいいなあと思ったことを発表するのです。とっても良い企画だと、あや先生は考えています。

「きょう、六年生の笑子さんとのりちゃんと、体育館でお店屋さんごっこやピンクのボールで遊んで、とっても楽しかったです。」

サッちゃんは、大きな声ではっきりと、ありがとうの気持ちを伝えました。

六年生の議長は、

「六年生の笑子さんは、これからも低学年の人と遊んであげて下さい。」

と言いました。六年生の笑子さんは、にこにこ顔で、

「ハイ。」

と応えました。

笑子さんは、二月頃から、ボールをやったりカルタをやったりして、時々サッちゃんと遊んでくれるようになっていました。サッちゃんは、笑子さんと遊ぶのをとっても楽しみにしていました。

　年度末、先生方の仕事（諸表簿書き）のために、午前授業で昼休みがなくなりました。その時、サッちゃんは、

「えー、遊べないの。」

と、残念そうに言いました。

春はもうそこまで来ている

「九九の暗唱」をしながら、また、散歩に出ました。

　拾った小枝で「入」の字を作りながら、サッちゃんが、

「あれ、この字、どっちだったっけ。」

と聞いてきます。あや先生が、

「それは、入るだよ。」

と教えてやると、

「ああ、そうだった。」

と、さっぱりした笑顔を見せました。

　落ちた小枝が「ト」の字になっているのを見つけて、

「トだ。」

と、大発見でもしたかのように甲高い声を上げていました。

　少し行くと、小さな切り株がありました。

　サッちゃんはそこに腰を下ろして、言いました。

「先生、見て見て。今、お手紙こないかなあって、待っているところなの。」

　それは、サッちゃんが音読練習をしている「お手紙」（アーノルド＝ローベル）のお話の第一場面。玄関の

階段に座って、がまがえるくんがお手紙を待っている場面です。サッちゃんは、がまがえるくんになって、「来ないかなあ」と言っているのです。あや先生は、感心してしまいました。物語教材はたいてい、音読練習をしながら、場面の様子を先生が説明して進めているだけです。「お手紙」も同じです。だから、サッちゃんは少しずつお話を理解し始めたのだと思いました。サッちゃんはお話を自分なりに劇化したのです。

それから、長い枝を見つけて、サッちゃんは雪の上に枝を振り下ろしました。何をしているのか、あや先生が聞くと、サッちゃんは言いました。

「土の仕事。」

「畑を起こす仕事?」

「うん。」

サッちゃんは、くわで土を起こすしぐさをやっていたのです。

また少し行くと、枯れ木の上で、見たことのない鳥が鳴いています。

「シー。」

あや先生が言うと、**藤の種の入ったさや**を拾っていたサッちゃんも、じっと聞き耳をたてました。あや先生は、急いでデジカメのスイッチを入れました。今度こそ、その小鳥の写真を撮りたいのです。でも、ズームで拡大しているうちに、鳥はまた飛んでいってしまいました。

「あーあ、また撮れなかった。」

悔しそうにあや先生が言うと、

「だから、鳥さんは、写真が苦手なんだって。(写真に写りたくないという意味)」

サッちゃんは、鳥の気持ちになって言いました。

でもこの日、あや先生はついに、二種類の鳥を撮ることができました。

一つは、道路脇の小さな枯れ木にいた鳥です。「カタカタカタ」という音がするので、はじめは何の音だろう、枯れ枝か何かが風に揺れているのかなと思っていました。でも、ようく見たら、そこに一羽の小鳥がいて、小枝をつついていました。聞こえた音は、つついている音だったのです。

（ひょっとしたら、きつつきの仲間？）と思いながら、あや先生は大急ぎでシャッターを切りました。

学校に帰って図鑑を開くと、「コゲラ」という鳥でした。白と黒の縞々の鳥です。コゲラは、くちばしの短いきつつきの仲間です。あや先生は、学校の近くに、きつつきの仲間がいるなんて考えてもみなかったので、とてもびっくりしました。

もう一つは、遠目にも、首のあたりが赤く見えた鳥です。コゲラ同様、こちらも初めて見る鳥でした。図鑑で調べると、「ウソ」という名前です。ウソみたいな本当の話。あや先生は、こんな名前の鳥がいることさえ知りませんでした。

サッちゃんのためにと始めた散歩ですが、あや先生が初めて知ることもたくさんありました。

この日は、久しぶりに英子さんのおばあさんに会いました。

秋に田んぼで仕事をしていて足を骨折したのですが、二ヶ月くらいでようやく治ったと話していました。もう七十才を過ぎていますから、その年齢からすると随分早い回復です。あや先生とおばあさんが話をしている間、サッちゃんはさっきの長い棒で一生懸命、ぬれた道路に絵を書いています。

にわとり小屋が近づくと、「コケーココ、コケーココ。」という鳴き声が聞こえてきました。サッちゃんが、自分から言いました。

「にわとりさん、**いいもの持ってらなって（いいもの持ってるねって）**鳴いてるの。」

自分の気持ちをにわとりの声にして言っています。サッちゃんのいいものとは、さっき拾った藤のさやのことです。

道路脇の杉林で、サッちゃんは、杉の新しい小さな芽を見つけました。

「かわいい。赤ちゃんだ。」

と言いながら、枯れ枝が落ちてるところを進んでいきました。

突然、

「先生、何か、あるよ。見て見て。」

サッちゃんが言いました。

あや先生が行って見ると、杉の枯れ枝の下でふきのとうが芽を出していました。茶色い枯れ枝の中にふくらんだ可憐な黄緑色。ここ数日のよいお天気で、雪がどんどんとけました。目には見えなかったけれど、雪の下では着々と、春の準備が進んでいました。春はもうそこまで来ています。サッちゃんは、ふきのとうが他にもないか探しました。そして、四つのふきのとうを見つけました。

学校への帰り道、サッちゃんが言いました。

「早く春になるといいなあ。」

「どうして。」

「だって、早く三年生になりたいもの。」

「三年生になって、何、やりたいの?」

「算数。」

「算数のどんな勉強?」

「100＋43とかの勉強。」

「そう。」

散歩はサッちゃんに大きな刺激を与え、たくさんのおくりものをくれました。

自然の営みにふれることは、サッちゃんの世界を確実に広げました。休みの日でさえ、散歩に出たり、外で遊ぶことのない生活をして来たサッちゃんが、トンボやにわとりと仲良くなったり、雪だるまを作ったりしました。そして、その世界は、「うんてい」や「プレゼント」や「くじ」等の中で、のりちゃんやユキちゃんや二年生のみんな、今では他の学年の子にまで広がろうとしています。他とのコミュニケーションをうまく取れなくて「むずかしい」と腕をかきむしっていたサッちゃんが、今、希望の春を待っているのです。

そうそう。散歩は、あや先生にもおくりものをくれました。サッちゃんの成長という、大きな喜びを。

おわりに

私は今年、特別支援学級を初めて担任しました。自閉症についての知識もなく、サッちゃんのこともよく理解できない中で、一学期は悪戦苦闘の日々でした。この記録は、二学期からの実践を中心に書いたものです。

散歩は、二学期から始めました。教室にいるだけでは知ることの出来なかったサッちゃんの実際を、散歩はわたしに教えてくれました。そこから、わたしの実践の見通しが生まれていきました。「〇〇を出来るようにしたい」という具体的な目標のあることが、私自身の大きな励みとなりました。

散歩は、サッちゃんの世界を大きく広げてくれました。自然の営みにふれたことが大きな刺激となり、サッちゃんの中にいろいろなものに対する興味関心が生まれていったのです。そして、歩くことを億劫がらなくなりました。散歩は、本当に素晴らしい贈り物を私たちにくれました。

それでも、散歩だけなら、サッちゃんはここまで成長することは出来なかっただろうと私は思っています。なぜなら、サッちゃんの成長を何より支えてくれたのは、協力学級の塩崎先生と二年生の子どもたちだからです。本当にありがたいことです。友だちとの関わりをあまり持とうとしなかったサッちゃんが、ようやく他の人とコミュニケーションを取ろうとし始めています。それは、二年生の子どもたちが優しく温かく、サッちゃんを支えてくれたからです。改めて集団の力の素晴らしさを感じます。

最後に、その二年生の温かさを強く感じたエピソードをもう一つ紹介しなければなりません。

二年生最後の週のことです。サッちゃんは、給食の準備をしていた修くんの背中を指でツンツンしました。不快に思った修くんは、恐い顔をして
「バア」

と、サッちゃんを脅かしました。びっくりしたサッちゃんは、

「ワー」

と声を上げて、教室の中を走り回りました。

そこに塩崎先生が現れ、

「給食の準備中だから、教室で走ったら危ないでしょ。」

と、二人は大きな声で叱られました。

それから塩崎先生は、修くんも走っていたのかを尋ねました。でも、修くんは困ったような顔をするばかりで、何も答えません。修くんは走ってはいないけど、サッちゃんを走り回らせた責任を感じているようです。

給食を食べながら、私はサッちゃんに尋ねました。

「どうして、修くんの背中をツンツンしたの？」

サッちゃんが何も言わないので、今度は、

「遊びたかったの？」

と、尋ねました。

サッちゃんは、こくりと頷きました。

サッちゃんが修くんにタッチしたり、追いかけたりしてじゃれ合うように遊んでいるのを、私は何度か見かけていました。

私は言いました。

「遊びたいときはツンツンじゃなく、『一緒に遊ぼう』って言うんだよ。修くんは、ツンツンされたのがいやだったんだって。給食を食べたら、修くんに

これは、アケビコノハの幼虫。まるで二つの目があるように見えます。

謝ろうね。」

「うん。」

　給食の後、サッちゃんは、修くんに謝りました。

「ツンツンして、ごめんなさい。」

「はい。許します。」

と、修くんは言いました。

　サッちゃんのこれからのために、私は確認しました。

「サッちゃん、遊びたいときは何て言うんだっけ？」

「遊んでください。」

そうサッちゃんが言うと、修くんは、

「はい。わかりました。」

と答えました。

　その日の帰りの会で、サッちゃんがめずらしく発表しました。

「昼休みに、修くんと秀くんと誠くんと聖くんとわたしで、おにごっこをして楽しかったです。」

塩崎先生は、にっこりしながら、

「よかったね。」

と言いました。

　同じ場所にいても一人遊びの多かったサッちゃんが、他の子と一緒に一つの遊びをするなんて大きな変化です。

　私は、修くんが誘ってくれたのだろうと思いました。でも、サッちゃんは走るのがあまり好きではありませんから、どんなふうにおにごっこをやったのかを知りたくて、修くんに尋ねました。

「どうして、サッちゃんと一緒に遊ぶことになったの？　修くんが誘ってくれたの？」

「ちがうよ。サッちゃんがぼくたちに、遊ぼうって言ったの。」

「サッちゃんが誘ったんだ。それで、おにごっこはどんなふうにやったの？」

「サッちゃん、足遅いから、ぼくたち、ゆっくり走ることにしたの。」

「へえー、すごいね。それで、だれが最初に、ゆっくり走ろうって言ったの？」

「ぼくです。ぼくが最初にそう言ったら、みんながいいよって。」

「修くん、すごいなあ。優しいなあ。先生、とってもうれしいよ。」

　私がそう言うと、そばで話を聞いていた聖くんが、

「ぼくは、ゆっくり走るというよりは、早歩きだった。」

と、屈託のない顔で言いました。聖くんは、二年生では一番足の速い子です。

　足の速い子も遅い子も仲良く遊べる関係は、そう簡単にあるものではありません。この子たちが築いている関係は本当に素晴らしいと思いました。話を聞いていると、心が温かくなってきます。二年生の子どもたちがこんなふうに温かいから、サッちゃんも、「遊ぼう」と入っていけたのです。


　最後の日、私は塩崎先生にお世話になったお礼を言いました。それから、サッちゃんが修くんたちと一緒におにごっこをやることになったいきさつと、二年生の子どもたちのおかげで、サッちゃんが成長できたことを話しました。

　塩崎先生は、

「本当にあの子たち、いいとこあるよね。優しいよね。」

と言いました。そして、

「考えようだよね。サッちゃんのおかげで、周りの子どもたちが育つんだよね。」

と言いました。

　全く同感です。今、こんな考え方が不足しています。研究会では、協力学級の子ども達が、特別支援学級の子どもにも先生にも冷たくて、どうしたらいいのかという悩みを聞くことがあります。それは、明らかに特別支援学級に対する蔑視です。でも、それは、何かできない人がいるとお荷物としか考えない、助けていこうとか、支えていこうという発想が、社会の中になくなってきていることの反映なのです。

　差別するのではなく、共に喜びを作っていく関係

の中では、子どもの成長の可能性は無限大に広がっていくことを、子どもたちは私たちに教えています。子どもたちの心の温かさや美しさにふれるたび、私は、「人間っていいもんだなあ」と胸が熱くなります。子どもたちから、本当にたくさんの贈り物をもらった一年でした。

サッちゃんは四月から、三年生です。

学校の塀にもう、すずめが遊びに来ています。

二〇〇九年、三月　前原　記

樹木に丸く鳥の巣のような形で寄生するヤドリギ。まるで大きなマリモです

その後のサッちゃん

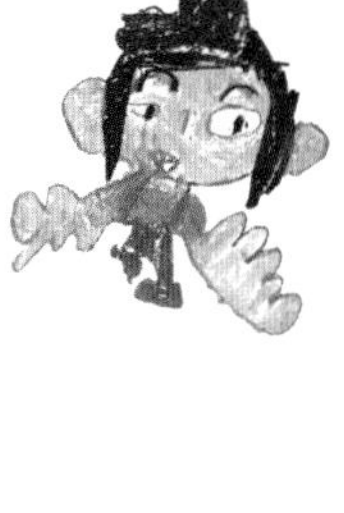

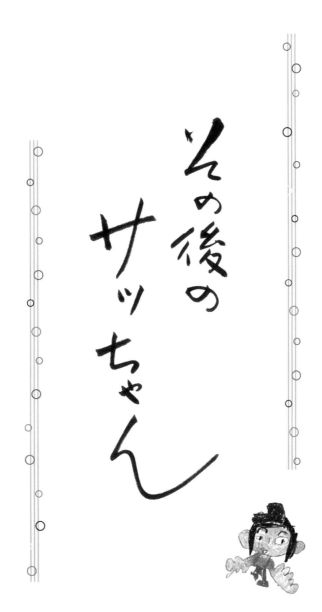

自転車に乗れるようになったサッちゃん

自転車に乗れるようにしたい

散歩と並行して自転車の練習を始めたのは、二年生の秋のこと。

私は、サッちゃんに自転車に乗れるようになって欲しかったのです。そうすれば、サッちゃんの行動範囲が大きく広がり、自分でいろんな所へ行けるようになります。

中学校は自転車通学です。自転車に乗れなければ、家族が送っていかなければなりません。他に交通手段もないし、とても歩いていける距離ではないのです。自立という面から考えても大きな意味がありました。

サッちゃんは、三輪車も乗ったことがないと言いました。三輪車の練習をしてから自転車の練習です。まず、自転車を引いて歩くことから始めました。自転車にさわること自体が初めてでした。

うれしかったのは、協力学級のユキちゃんが、

「私も乗れないから練習したい。」

と言って一緒に練習し、乗れるようになったことです。

ユキちゃんは大喜びで作文に書き、版画にも描きました。

その版画はユキちゃん曰く、

「サッちゃんが練習しているのを、私が後ろからつかんであげているところ」

だそうです。ユキちゃんもサッちゃんを応援してくれていました。

三年生の春、また自転車の練習を始めました。

まず、自転車にまたがってバランスをとる練習です。補助輪は一度も使っていません。緩い下り坂を足を広げたまま、下りていきます。はじめはすぐバランスを崩して足をついていましたが、何日かすると、下まで下りて

いけるようになりました。

その後は、坂を下りた後もペダルを踏んで、乗り続ける練習です。でも、脚力がないのでうまくペダルをこげません。

身長が少し伸びたので、

「自転車が少し小さいかな（サドルはこれ以上上げられない）。」

と話していたら、加藤先生が、

「誰か、もう少し大きいのを貸してくれればいいのになあ。」

と言いました。

するとそこに居あわせた四年生の晴子さん（一・二年生の時の担任は私）が、

「今使っていない、白いのを貸してあげようか。」

と言ってくれました。

早速、晴子さんのお母さん（以下、上野さん）に確認をとると、

「いつでもどうぞ。祖父に持って行かせますから。」

とのこと。

サッちゃんに尋ねると、

「白い自転車に乗りたい。」

と言うので、借りることにしました。

五月中旬、その白い自転車がやってきた日のことでした。サッちゃんはいつものように、小さい自転車で練習していました。「白い自転車に乗りたい」ということがサッちゃんの励みになっていました。

サッちゃんは坂を下りて行きました。バランスをとりながら下まで行きます。坂が終わるあたりで、足をペダルに乗せてこぎ始めました。

1m、2m、3m、…5m、サッちゃんは転ばずに足をついて止まりました。

「サッちゃん、すごい。自転車乗れたよ。」

と言って、私はサッちゃんの側まで走って行きました。

サッちゃんは、赤い顔で息をハアハアさせながら、

「うん。」

と言いました。

サッちゃんはついに自転車に乗れるようになったのです。短期間のうちに随分上達できたものだと、私はすっかり感心しました。

白い自転車は、前の自転車より1～2㎝サドルの位置が高く、慣れるまでにはやはり時間がかかりました。でも、練習して乗れるようになりました。

ただ、最初は10ｍもこぐと
「ああ、疲れた。」

と言って、止まってしまいます。

止まらずにグランド一周することを目当てにしました。できるようになったら、二周です。

どうです？　かっこいいでしょ！うれしそうでしょ！！

初めてのことでも、ゆっくり長い時間をかけて練習していけば、サッちゃんは出来るようになりました。何でも気長に取り組むことが大事なのです。継続は力なり。

サッちゃんが自転車の練習を始めてからの半年の間に、保護者の意識も変わってきていました。いろいろ苦しくて三輪車も買ってあげられなかったと言っていたお母さんが、サッちゃんのために自転車を買ってくれていました。

疲れたからと言ってやめずに長く乗ること、そのための脚力をつけることがその後の課題となりました。サッちゃんは頑張りました。二学期には、散歩のコースを自転車で行くこともありました。

心ある地域の人に支えられて

白い自転車を返すにあたって、サッちゃんは上野さんにお礼の手紙を書きました。それに、二枚のサッちゃんの写真を添えました。一枚は、自転車を元気いっぱいに乗っている写真、も

う一枚は、玄関前の階段で、自転車を持ち上げて運んでいる写真です。春には一人で自転車を持ち上げられなかったのに、一ヶ月ほどの間にできるようになっていました。休み時間にも練習するようになって、必要にせまられて力の入れ方が分かってきたのだと思います。

次の日、上野さんから手紙が届きました。

> **私は、サッちゃんのファンです。**
> **いつも懸命にがんばる彼女を見ていると、応援したくなります。**
> **一時は養護学校の教員を目指していたので、そういう目で見てしまうのかもしれませんが…。**
> **これからも、陰ながら応援していきたいと思います。**
> （上野）

こんなふうにサッちゃんのことを見てくれていたなんて、何てうれしいことでしょう。私は胸が熱くなりました。初め、自転車を借りるのは迷惑ではないかと思っていたのです。でも、お世話になったおかげで、こんなに温かい人のいることが分かりました。人はいろいろな人に支えられ励まされて生きていくのだと、上野さんに教えられました。

特別支援学級にいるというだけで、馬鹿にする風潮がまだまだたくさんあります。

一人ひとりの子どもが、自分の力を精一杯出して生きていけるようになるには、学校の中だけでは不十分で、地域の理解と温かい目が絶対必要です。私は、上野さんの存在を知って、強力な味方を得た気持ちになり、大いに励まされました。

このうれしさを他の人たちにも伝えたい。私は、サッちゃんのお礼の手紙と共に、上野さんの手紙を学級通信で紹介しました。その通信を見た上野さんは、

「うれしくて涙が出た。」

と言ってくれました。

人と話すのが苦手だというサッちゃんのお母さんが、笑顔で上野さんと話していました。とてもうれしかったです。夏休み前の参観日のことです。

こうして、私の二年目の実践は、いろいろな体験をさせることと共に、、サッちゃんの体を鍛え、運動能力を伸ばす練習にも軸足がうつっていきました。平均台、階段の上り下り、なわとび、トランポリン、前転、椅子を使った馬跳びなどを初めとして…。

朝メニューの1つ、前転を頑張っています（3年）

椅子を使って馬跳びの練習（3年）

膝に注目！ボーゲンで滑っています（4年）

みんなで田植え。「ちょー楽しい」と言っていました

特別支援学級から全校へ
特別支援学級を理解してもらうために

特別支援学級は孤立している？

私が初めて特別支援学級の担任となったとき、特別支援学級は学校に一つだけでした。自分だけが他の先生方と違うような孤立感に襲われました。決してそんなことはないのですが、共通の話題がないような錯覚に襲われ、孤立しているように感じたのです。

それは自分自身との闘いでもありました。自分は低く見られているのではないか、ダメな先生と見られているのではないかという、自分自身の中にある差別感との闘いです。

　酷い話ですが、特別支援学級の担任に対して、「普通（通常）学級を持てないから、特別支援なんだろう」と心ない言葉を言う人がいます。言葉には出さないけれどそう思っている人も決して少なくありません。でも実際は、特別支援学級の担任は誰にでも務まるわけではありません。その子に今何が必要で、何が大切なのかを見きわめ、その子にあった指導法を見つけなくてはならないからです。多方面から見る力と沢山の引き出し（方法や技術等）を学び続けなければ、見通しが持てなくなってやっていけないと今は思っています。

　T・T（ティームティーチング、複数で子どもの指導に当たる学習形態。ただ、日本の教育現場では、担任ではない方の教師をT・Tと呼ぶことが多い）に対する見方も似ています。

私がT・Tになった年、職員室の机の配置決めのときでした。同僚の若い女教師に、
「T・Tの先生の隣りは嫌だわ」
と言われました。
私は脳天にガツンと衝撃をうけ、めまいを感じました。
教師達の中に厳然としてある、T・Tや特別支援学級担任に対する偏見や差別。このような状況にあって、特別支援学級の子どもたちが偏見や差別を受けないということがあるでしょうか？　何もしなかったら、ますます差別されるだけです。特別支援学級は学校の中の最底辺。差別は弱いところに集中していくのです。

サッちゃんへの偏見や差別をなくしていくために、できることは何だろうか？　サッちゃんの頑張りを、全校のみんなに紹介して知ってもらうことではないかと考えました。学級通信は保護者のためにはもちろんですが、「今、特別支援学級では何をしているのか」を先生方にも知ってもらい、理解してもらう目的も大きかったです。

特別支援学級の廊下壁面には、掲示空間がたくさんあります。そこに学習の足跡《あしあと》を順番に掲示し、ペンと感想用紙を入れた封筒には、「感想用紙」と書いて壁に貼りました。子どもたちに自由に感想を書いてもらうためです。この取り組みは一年目からですが、感想用紙をおいたのは二年目からです。毎年、子どもたちはよく感想を寄せてくれました。

次に紹介するのは、サッちゃんが四年生の時（特別支援学級三年目）の、一学期の学習に対して寄せてくれた感想です。

彫刻刀の使い方も上手になりました（４年）

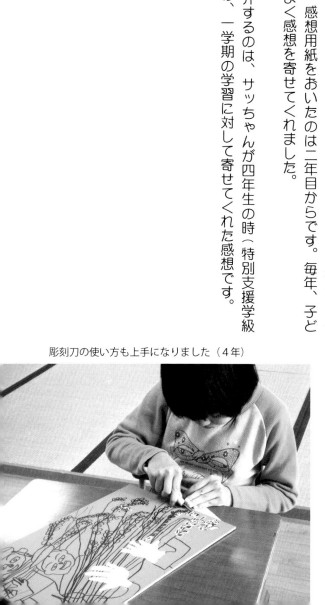

子どもたちの感想（本当は文だけではなく、かわいい絵なども描いてありました）

①「わらったよ、4年生のわたし」（4月に描いた自画像）

◇5年　莉子

・「わらった」という題名もよかったし、絵もすごくうまくて、口の所もすごく上手でした!!
・画用紙の全ぶに顔が大きくかかさって（かかれて）いたので、とてもすてきだと思いました。
・サッちゃんのかいた絵と、あと、もっとうまい絵があって感心してしまいました。ほんとに全ぶの絵は、うまい×100でした。これからも、もっと絵をかいて見せてください。たのしみにしています。大ファンです。

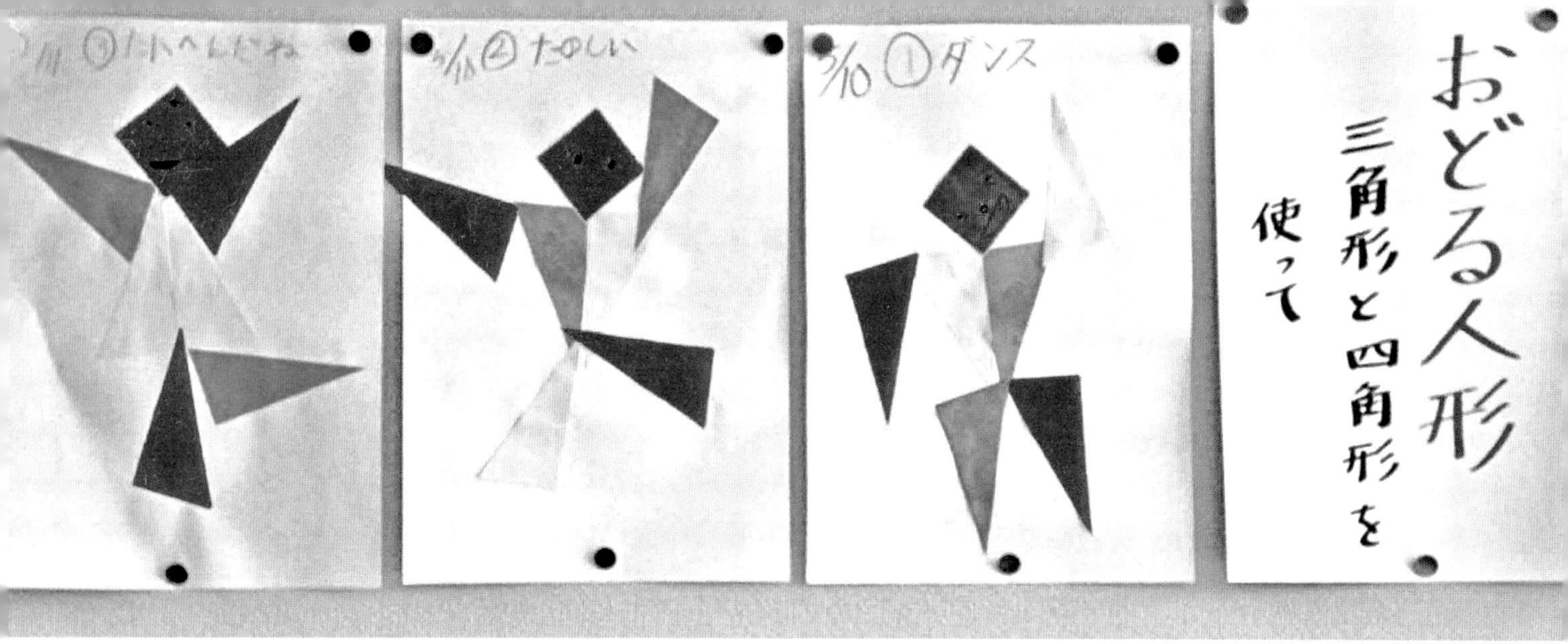

◇**4年　のりこ**（「さんぽのおくりもの」の中の、のりちゃん）

サッさんは、いつも笑っていて元気だなと思いました。それにサッさんはいっつもわらっているから、「わらったよ」の作品にちょうどいいなあと思いました。サッちゃん、いつも元気でいていいね！

②「おどる人形」（算数～三角形と四角形から）

◇**5年　亜子**

わたしは、「おどる人形」を見て、三角形と四角形を使って作っていたので、勉強にもなるし、楽しいのでとてもいいと思いました。

◇**5年　春花**

「おどる人形」の絵を見て、三角形と四角形の形でおどる人形を作っていて、見てても楽しい絵です。サッちゃん、勉強がんばってネ。ファイトオー。

③「めがさめた」（国語、詩の学習）

詩の行間などに書いてあるのは、学習の中でのサッちゃんの反応など。絵は学習後にサッちゃんが描きました。

◇**5年　恵人**

すごくいっしょうけんめいかいているなあと思いました。

◇**5年　亜子**

「めがさめた」では、「ふるふる」や「くっくっく」で表じょうを表していて、「うれしい」や「わらっている」と書いていて、とてもわかりやすいし、絵も書いているのでとてもよかったです!!　勉強がんばれ!!

④「よう虫　とれたよ」（カブトムシの幼虫）

◇**1年　正**

ようちゅうがじょうずでした。

◇**3年　和樹**

よう虫がいい絵だと思いました。

◇**3年　琴美**

なんかほんとうのよう虫みたいで、すごく絵がじょうずで、すごいと思いました。

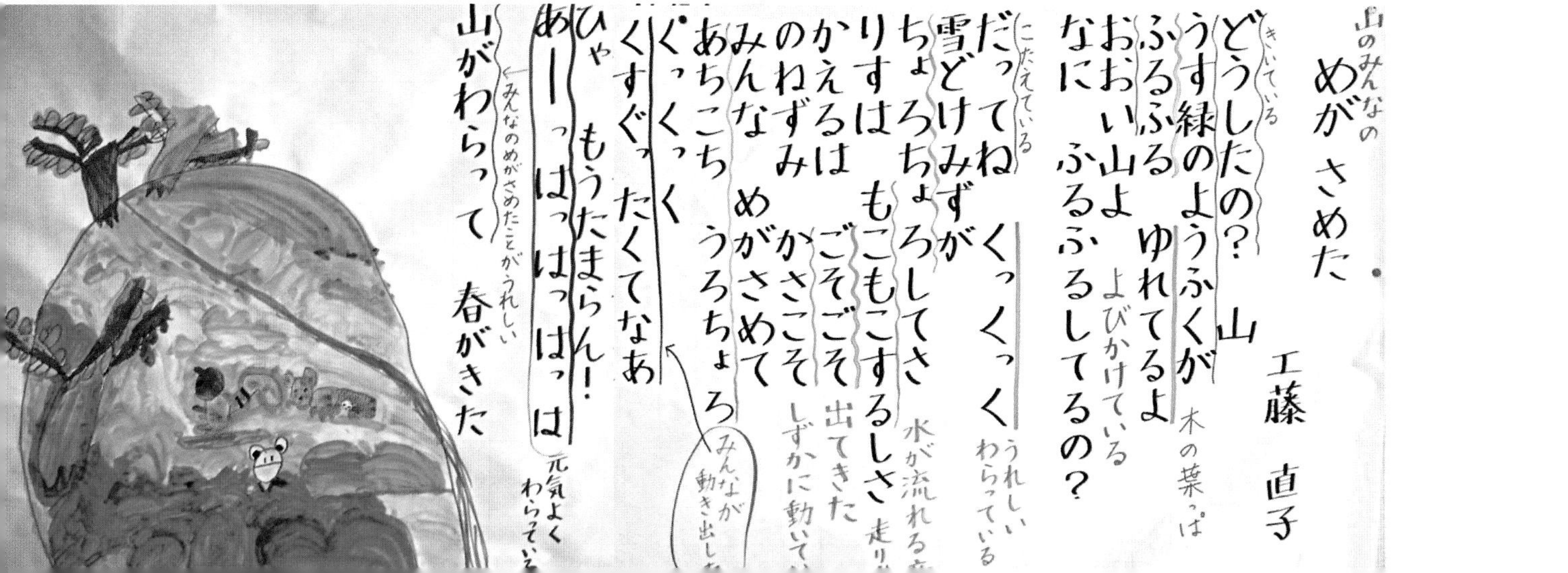
山のみんなの
めが さめた
工藤 直子
きいている
どうしたの？山
うす緑のようふくが
木の葉っぱ
ふるふる ゆれてるよ
おおい山よ
よびかけている
なに ふるふるしてるの？
こたえている
だってね くっくっく
うれしい わらっている
雪どけみずが
ちょろちょろしてさ
水が流れる音
りすは もこもこするしさ
かえるは ごそごそ
出てきた
のねずみ かさこそ
しずかに動いて
みんな めがさめて
あちこち うろちょろ
みんなが動き出し
くっくっく
くすぐったくてなあ
ひゃ もうたまらん！
あーっはっはっはっは
元気よく わらって
みんなのめがさめたことがうれしい
山がわらって 春がきた

画：「よう虫とれたよ」（4年、5月）

◇5年　瑠美

「よう虫とれたよ」を見て、よう虫2ひきもっていて、喜ぶ感じや、そのとれたときのうれしさがつたわっていました。

◇5年　和枝

よう虫をとっている人やみている人がいて、よう虫もすごくほんものみたいでいいと思ったし、シャベルでとっている人がすごかったです。あと、サッちゃんがかいたとは、おもえませんでした。

スポーツがんばってね。なんでもがんばってね。

◇5年　孝夫

ぼくはこの絵を見て、サッちゃんがくろうしてかいたんだなあとおもいました。

◇5年　優子

「よう虫をとったよ」といううれしさつたわった。

◇6年　隆男

よう虫の絵がすごくじょうずで、人のひょうじょうの絵（①の絵）もじょうずです。

◇6年　勇太

よう虫が本物とにていて、今にも動き出しそうですごいです。それと木と人間もうまいです。

◇**6年　悠子**

すごく立体的ですごいと思いました。よう虫を持っているところがすごくうまいと思いました。これからもたくさん絵を書いてください。

⑤「田うえ　たのしい」

サッちゃんの作文

　　6／2　　田うえ

月曜日に、田うえをしました。

わたしとまえはら先生と五年生といっしょに、行きました。

田んぼに、つきました。凜ちゃんのお父さんが、なえのうえかたをおしえました。

お父さんが、

「なえを四本、うえるんだよ。」

と言いました。

　わたしと五年生が、

「はーい。」

とさけびました。

　田うえが始まりました。

田んぼにはいって、なえをうえました。楽しくうえました。

わたしが、

「田うえ、楽しい。」

と言いました。

　田うえしながら、うしろに、さがりました。

わたしが、

「おっとっと。」

とおしりをつけました。

　おしりがどろにさわって、とてもつめたかったです。

田うえがおわりました。川にいって、おしりと足と手をあらいました。

◇5年　麗子
いねをうえている人も横顔でかけていて、ほんとうにうえているように思いました。

◇5年　歩花
前よりも絵がうまくなってすごくいいと思いました。これからもがんばってください。

◇5年　莉子
サッちゃんの絵を見て、すごくおしりのふりがちょーかわいいんですけど。しかも、ぜんぶの絵がちょーうまいんですけど！

これからもお友だちだよ！

◇5年　鮎美
わたしはとてもきれいな絵でいいと思いました。

◇5年　亮介
ぼくたちといっしょに田うえをして、その絵をそのままかいて、絵には三人し

画：「田うえたのしい」（4年、6月）

かかいていないけど、いっしょうけんめいにかいていたのがよくわかりました。

◇５年　春花

私は「田植え　たのしい」の絵を見てすごく楽しそうで、本当に田植えをしているなあと思いました。人もすごくかわいくて絵の具で色をぬるのがとても上手です。

◇５年　和枝

５年生のみんなとサッちゃんと行きましたね。いねがうまいし、うえている人がすごくていねいでいいと思いました。

◇５年　文雄

一つ一つ芸じゅつでうまいなと思いました。OK!!

◇６年　雄祐

絵を見て、人は楽しそうな顔をしていて、とても気持ちが出ていてとても良い作品だと思います。色ぬりは、ぬり分けられていて、ちゃんと苗の色とかとても似ていて、本当にすごいと思いました。これからも、このような絵をかいたりするのをがんばって下さい。

⑥「大玉ころがし　がんばったよ」

◇５年　鮎美

わたしはこの絵を見て、とてもきれいでがんばってたかんじがよくわかりました。

⑦全部の作品を見て

◇6年　凛（「さんぽのおくりもの」の中の凛ちゃん）

どの作品も個性あふれているし、元気がいっぱいな絵です。私も元気になるような絵でした。もっといっぱいサッちゃんらしい絵が見たいと思いました。

一年生の正くんまで感想を書いてくれたことには、ほんとに感激しました。一年生の夏休み前といったら、ようやくひらがなを覚えたばかりではありませんか。その一年生が、サッちゃんのためにわざわざ感想を書いてくれたのです。

子どもが本来持っている感情は、決して差別ではないという何よりの証拠。サッちゃんの頑張りに素直に感動し、サッちゃんを応援し、サッちゃんとつながろうとしています。本当にありがたいことです。


九月の参観日に、子どもたちの感想用紙をサッちゃんのお母さんに見せました。

お母さんは連絡帳に、次の様に書いてくれました。

「サチコの作品に対する感想に、すごく感動しました。意見だけではなく、『こうしたら、いいんじゃない』というアドバイスや、かわいい絵やユーモラスな絵、すごくうれしく思います。この思いを大切にしたいと思います。」


また、お母さん方も、サッちゃんの絵に関心を寄せてくれていました。

サッちゃんが三年生の秋、散歩に出たときのことです。稲刈りをしていた亜子さんのお母さんは、お米についていろいろ教えてくれた後で、サッちゃんに言いました。

「わたしは、サッちゃんの絵が大好きだよ。稲刈りのことも絵に描いてね。」

そして、私にも、

「サッちゃんの絵は色使いが明るくてとても温かい絵だと、お母さんたちで話している。」

と語ってくれたのです。


子どもたちもお母さん方も、サッちゃんと私を応援してくれていました。

ヒマワリの種を数えます。一〇〇〇個以上ありました

ヒマワリの茎を使って１ｍの長さの勉強

サッちゃんの年賀状によせて

二〇一九年のお正月、サッちゃんから年賀状が届きました。
年賀状には、丁寧な文字で次のように書かれていました。
「お元気ですか。自転車に乗る事ができた事が一番うれしかったです。今はお仕事をがんばります。体に気をつけてください。」

その年の春、サッちゃんは特別支援学校の高等部を卒業し、仕事に就きました。

私は、サッちゃんの二年生から四年生までを担任しました。サッちゃんの小学校卒業を待たずに、次の学校に転任となりました。転任先の学校で、私はまた特別支援学級の担任になりました。

ある時、特別支援教育研究会の中学校部会に参加したことがありました。

ある施設で行われたのですが、会場には教員だけではなく、特別支援学級に在籍する中学生やその保護者も一緒に来ていました。

中学生は職業体験（実習）のために、保護者は子どもたちのこれからのこと、進路や就労支援に関わる説明を聞くために来ていました。私は同僚とその説明会に参加したのです。

当時、私は六年生の男の子と、うまく言葉の言えない一年生の男の子を担任していました。

六年生の男の子は、いろいろな事に一生懸命取り組む子だったので、パニックさえ起こさせなければ、十分働いていける子どもです。そのためには、周囲の人々の温かさが欠かせないけれど…。

同僚は、四年生と五年生の男子を担任していました。彼らは知的に遅れているわけでもなく、パニックを起こすわけでもありませんでした。いろいろな事情から、通常学級のペースではうまくできないことが多かったために、入級となった子どもたちでした。それぞれのペースでよく勉強し、できることもふえて、彼らも働くことをいとわない子どもに育っていました。

そういうわけで私たちは、小・中学校の特別支援学級を卒業した子どもたちの進路はどうなっているのか、どんな仕事があるのか、彼らが就労しようと思ったとき、どんな手立てがあるのかを知りたかったのです。彼らの将来を考えたとき、彼らの自立のためには何が必要なのか、そして私たちにできることは何なのかを知って、長期的な見通しを持って実践したいと思っていたからです。

思いがけない再会

そこに、中学生のサッちゃんとお母さんが来ていたのです。とてもびっくりしました。

私は、座っているサッちゃんのところに行き、

「先生のこと、分かる？」

と聞きました。

サッちゃんは、「うん。」

と言いました。

すっかり少女の顔立ちで、かわいくなっていました。なんだか大人しくなったなあという印象を受けましたが、瞳はキラキラと輝いていました。およそ二年半ぶりの再会です。

もっと話したかったけれど、そこに担任の先生らしい人がやってきて、サッちゃんに何か話し始めたので、それ以上は話せませんでした。

説明会に参加して、私たちはたくさんのことを得ることができました。それにサッちゃんとの再会という、うれしいおまけもありました。

説明会の後、場所を変えて昼食（頼んでいたお弁当）をとりました。

サッちゃんのお母さんは、私の向かいの席に座りました。周りにたくさんの先生方や保護者もいる中で、お母さんは突然、周りの人に教えでもするように話し始めました。

「うちのサチコは、前原先生に育ててもらったようなものです。」

お母さんがそんな風に思っていたなんて思いもしなかったので、とても驚きました。

サッちゃんには、本当にたくさんのことを教えられました。

地域の人とふれあう散歩の中で、サッちゃんが感情を表現できるようになっていったことはとてもうれしいことでした。また、人は変わっていけると実感させてくれました。

サッちゃんが自転車に乗れるようになったことは、彼女の行動範囲（世界）を広げることが

できたと我ながら自負しています。また、中学校へ自転車通学ができたので、家族の負担も軽減できたと思っています。

　その子に、自転車に乗れるようになりたいという気持ちがあれば、乗れるようにする自信が私にはあります。その後、自転車を教えた子はみな、乗れるようになりました。

　サッちゃんは、三年生で自転車に乗れるようになりました。うれしそうに楽しそうに、風を切って自転車で走るサッちゃんの姿を、私は今でもはっきりと思い出すことができます。

　何かができた喜びや成就感は、必ず次のステップへの大きな力となっていきます。

亜子さんのお母さんは、お米のことを沢山教えてくれました

特別支援学校（高等部）を卒業したサッちゃんは、その後、施設で働いています。

今は、その施設が経営するグループホームに入居し、そこから働きに行っているそうです。

　サッちゃんが家から働きに行っていた頃、お母さんが体調を崩して入院したことがありました。そのとき、サッちゃんはお母さんに代わって、家事をいろいろとやってくれたそうです。

「自分が思っていた以上に、本当によくやってくれて、びっくりした。」

お母さんは、その成長を喜んでいました。

グループホームで暮らし、働いているサッちゃん。

　自分のことだけでなく、おかあさんを助けてあげるようになったサッちゃん。

またいつか、会いたいな。

散歩コース　今日は自転車に乗って

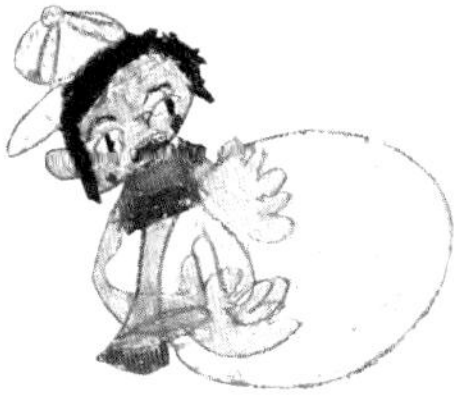

作文にみるサッちゃんの成長

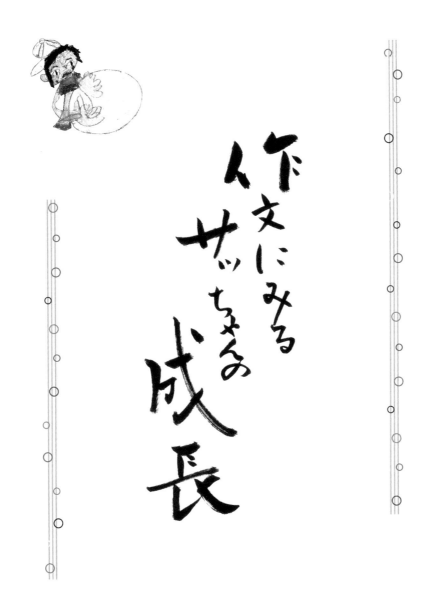

作文にみるサッちゃんの成長

私は子どもたちの日記や作文を読むのが大好きです。生活の中でどんなことを考えているのかが分かるからです。どんな暮らしをしていて、何がうれしいのか、何が悔しいのか等、子どもたちを理解する上で、作文や日記はなくてはならないものでした。特に日記には、家庭であったことが綴られることも多く、どんな家庭生活を送っているのかを知ることができました。

文に綴るということは、いつ、どこで、何をしたのか、どんなことがあったのか、どう思ったのかをはっきりさせ確認していくことです。つまり、認識を確かにしていく作業なのです。それは私たち大人であっても同じです。文章を書き始めた途端、「あれ、どうだったっけ?」とあたふたするのは、私だけでしょうか? その都度、自分の認識の甘さや不確かさを思い知らされています。

子どもが文章を書けないという場合、大きくは三つの要素が考えられます。

①書く（或いは表現する）手立てや方法、手段がない（知らない）。

例えば、言葉が分からない。文字が分からない・書けない。

②何を書いたらいいのか、分からない。書きたいことがない。書く必要がない。

③書きたくない。

例えば、家のことを書けば叱られる、書けばバカにされる等

①なら、文字や言葉を教え書き方を教えればいいことです。②の「何にも書くことがない」という子も、いろいろ聞いていくと文章の書き

方を知らない①だったりします。よく教えもせずに、子どもの作文に文句ばかりつけていると、一気に③になったりしてしまいます。

②の場合は、子どもたちの目を生活に向けさせ、何が大事なのかを学習していくと、書けるようになります。自分の思いを率直に表現していたり、生活に根ざした事柄に目を向けている子どもの文を評価したりしていく中で、書けるようになっていくのです。

③はなかなかやっかいです。これは作文だけではなく、生活と深く関わっているからです。

「子どもはみな詩人である」と言った人がいます。感動のない子はいないし、何も考えないという子もいません。どのように書いたらいいのか、何を書いたらよいのか、分からないだけなのです。

サッちゃんの場合、①からのスタートでした。日記や作文では、まず、あったことを順を追って書けるようになることを目標にしました。何があったのか、どんなことを言ったのか等、事実関係が分かることをめざしました。

実態と日々の取り組み

〈二年生〉（「さんぽのおくりもの」参照）

◇実態

・「きのう、おうちで何をしたの?」ときいても、「わかんない」という返事しか返ってこない。思い出すことができない、あるいは思い出す必要がない。

・トラブルがあって、事実関係をはっきりさせようと尋ねても、全く要領を得ない状態。

・日常生活には支障はないが、教材等の内容理解がおぼつかない。

・トンボをつかんだこともなければ、散歩をしたこともない。

↓言葉が分からないのではないか。いろんな体験が乏しいのではないか。

◇取り組み

・絵、写真、カード等による言葉の学習。（「赤ちゃんに読み方をどう教えるか（グレン・ドー

マン著）」はとても参考になりました）

・二学期から学校周辺を歩き回り、自然にふれる機会をたくさん設けた。散歩をしながら、そこにあるものの名前を教え、繰り返して言わせる。

・「何がどうする」の文作り。

①散歩の中で

例えば、死んだミミズを運んでいるアリに遭遇すると、「アリがミミズを運ぶ」と言って、子どもに復唱させる。

②教室で

散歩で撮ってきた写真を見ながら、教師と一緒に文作り。写真を教材として使用。

〈三年生〉

◇実態

・四月早々、誰に言われたわけでもないのに、朝登校すると、学校花壇の水やりをしていた。「まだ当番も決まっていないので、とても助かった」と養護教諭が教えてくれて、私も驚いた。

・前日のことを断片的にではあるが、少しずつ思い出せるようになってきた。

・周りの事物にも少しずつ関心が出てきて、「きのう、〇〇見たんだよ。」等と教えるようになってきた。

→日記を書けるのではないか。日記指導をすれば、もっと認識をはっきりさせることができるのではないか？

◇取り組み

・書くことを決めたら、まず絵に描く。

一頁に、文も絵もかけるようになっているノートを使用。（下の写真参照）

・絵が完成したら、「どこで見たの」「誰とやったの」「〇〇さんは、何て言ったの」等…教師とやりとりして５Ｗ１Ｈを一つずつ確かめながら、一緒に文にしていく。

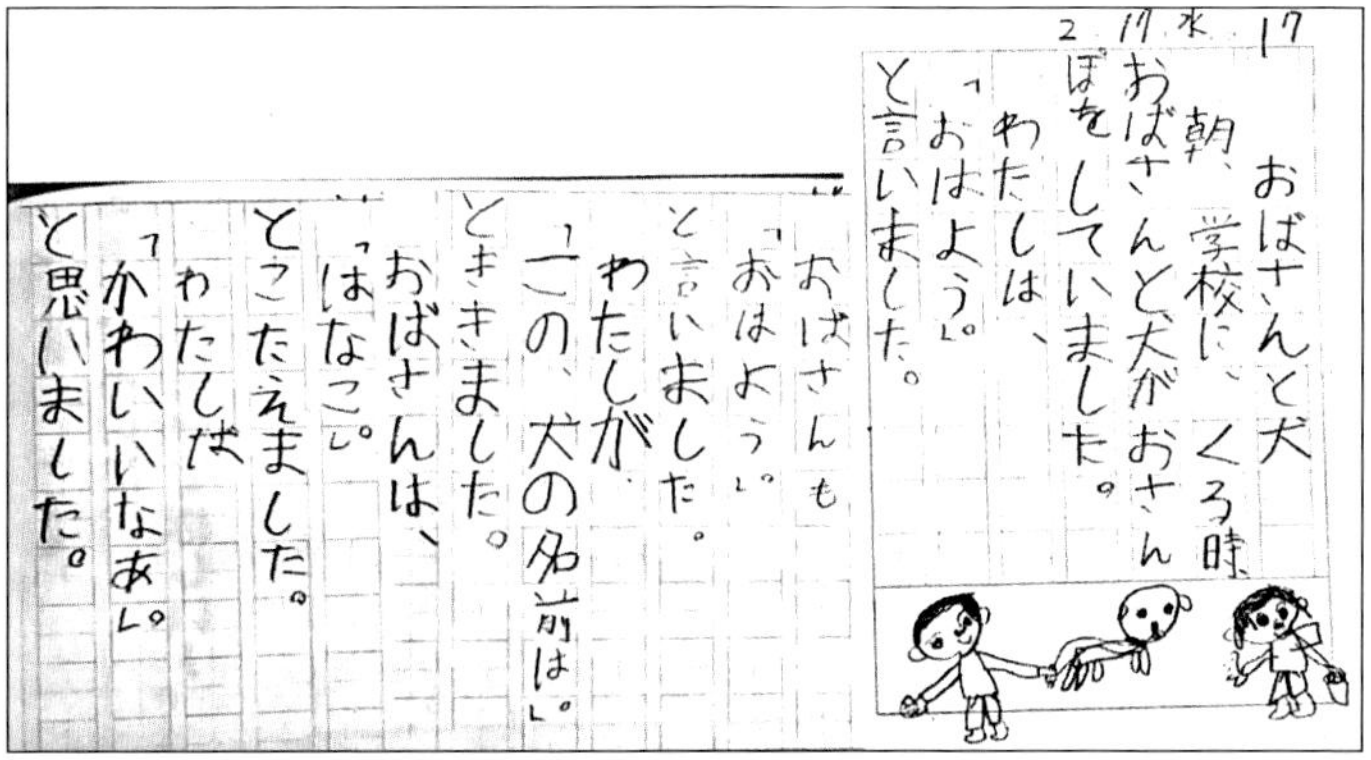

2 17 水 17

おばさんと犬

朝、学校に、くる時、おばさんと犬がおさんぽをしていました。わたしは、「おはよう。」と言いました。おばさんも「おはよう。」と言いました。わたしが、「この、犬の名前は。」とききました。おばさんは、「はなこ。」とこたえました。わたしは「かわいいなあ。」と思いました。

自作の４年教科書。くどうなおこさんの詩集「のはらうた」の「はるがきた」から。絵は学習後にサッちゃんが描いたもの

・初めは、絵を描いてから文を書いていたが、だんだんに文を書いてから絵を描く事へ移行。
・一人で書けるようにするために、まず「誰が何をしたのか」を一通り言わせて（教師がいろいろ聞きながら）あったことのだいたいを確認する。それから一人で書く。言葉等が分からなくなったら、教師に聞きながら書くことを繰り返す。（3学期から）
・私が知っている教材や作品から、サッちゃんにあっていると思われるものを選んで国語の教科書を自作。（3・4年で使用。）

〈四年生〉

◇実態

・年度初めから、四年生として張り切っている。写真参照。
・分からない言葉はまだまだ多い。
給食の献立表を見ながら「肉団子ってなあに？」「アルミ缶ってなあに？」、漢字辞典を持ちながら、「これは厚いっていうの？」〈形容詞の薄い、厚いの学習の後〉と聞いてくる。
→積極性が出てきて、分かることと分からないことがはっきりしてきたのではないか。

◇取り組み

・日記を書く。
ア、学校外でのこと
あったことのだいたいを、教師とやりとりしながら確認した後、一人で書いていく。
書き方が分からなかったり、忘れたりしたところは教師に聞きながら書く。

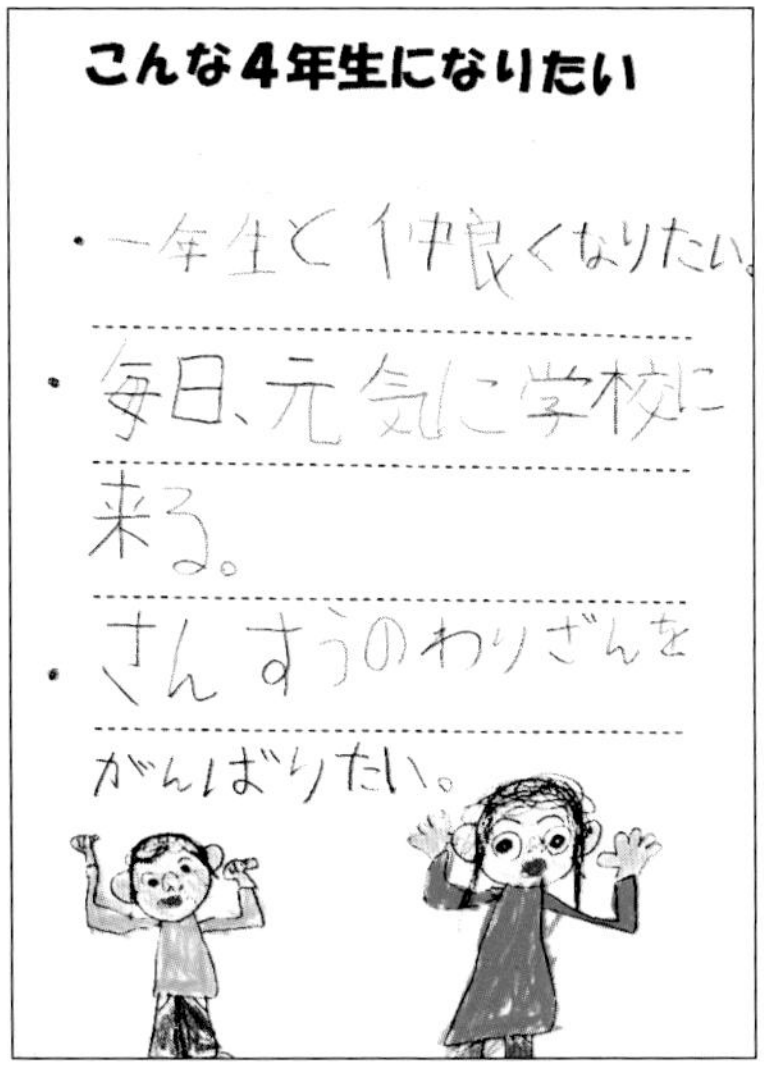

一通り書いたら、サッちゃんが読み返す。

話していたのに書いていないところは加筆させる。絵はスケッチブックに描かせることも。

イ、学校でのこと

校内のことは知っていることが多いので、教師とやりとりをせず一人で書かせる。

その後、ぬけているところを加筆させる。

サッちゃんの日記作文から

【3年】

① 4／9　ブランコ

きのう、昼休みに、わたしが、ブランコにのりました。

二年生のゆうきくんが、

「ブランコかして。」

といいました。

わたしは、

「いいよ。」

といいました。

わたしは、ゆうきくんに、ブランコをかしました。

ゆうきくんが、

「おして。」

といいました。

のりちゃんが、

「はあい。」

といいました。

のりちゃんが、おしてあげると、ゆうきくんが、

「うわあい。」

と大きな声で、さけびました。

② 5／1　馬

今日の朝、学校にくるとき、どうろで、馬が歩いていました。

そりに、大きいはこをのせていました。わかい男の人が、たづなをひっぱっていました。

馬は、ぱっかぱっかと、歩きました。

わたしは、その男の人に、

「おはようございます。」

といいました。

男の人は、

「おはよう。」

といいました。

※これを書いたときには、「たづな」という言葉を教えました。自分から、あいさつできるようになってきています。

「馬がにもつはこんだよ」（3年、5月）

③　5／26　あげはちょう

きょうの朝、げんかんのちかくで、わたしが、あげはちょうをみつけました。あげはちょうがじめんに、学校のちかくのところに、じっとしていました。

マラソンの時、なみや先生が、あげはちょうをとりました。

なみや先生が、

「あげるよ。」

といいました。

わたしは、

「ありがとう。」

といいました。

わたしは、まえはら先生に、きねんしゃしんをとってもらおうとおもいました。

④　6／9　大玉ころがし

運動会の時、三年生と四年生が大玉ころがしをやりました。

わたしが、ゆうまくんに、

「がんばれ、がんばれ。」

といいました。

ゆうまくんがわたしに、

「ありがとう。」

といいました。

ゆうまくんが、すごいスピードで、走りました。

⑤　6／18　スライム

保育園から、ヨウコが、スライムをもってきました。

ヨウコが、

「いっしょに、遊ぼう。」

といいました。

わたしが、

「いいよ。」

といいました。

ヨウコが、

「やった。」

といいました。

丸いボールを、わたしとヨウコが、作りました。

「大玉ころがし」（3年、6月）

⑥　6／30　遠足

（やりとりせずに一人で書いた作文）

土曜日に、遠足にいきました。ごはんを食べてしまって、動物園に、いきました。それで、エサをかってしかのえさをあげて、つぎは、馬にのって馬が、

「ぱかぱか。」

と歩きました。

※妹の遠足に一緒に行ったときのことを、一人で書きました。誤字と脱字だけ直しています。主語がないのですが、ようやく意味の分かる文になってきました。

⑦　9／15　公園

日曜日に、わたしとヨウコとママとパパが、公園に、行きました。

わたしとヨウコが、ブランコにのりました。

つぎに、

「行くよ。」

とパパが、いいました。

わたしは、

「つぎは、どこにいくの。」

とききました。

ママは、

「うさぎに、行くよ。」

といいました。

わたしが、茶色と黒と白のもようのうさぎをさわりました。

わたしが、白い花をとって、うさぎに食べさせました。うさぎは、

「モグモグ。」

と食べました。

⑧ 11／13 森のおはなし（お話作り）

むかし、むかしのおはなし。

あるところに、うさぎが、一ぴき、いました。

うさぎが、森に、いきました。

森に、いくと、はちのすと花とからすのたまごが、ありました。

うさぎが、いいました。

「はちのすをさわってみたいな。」

といいました。

と、ところが、はちがかえってきました。

「ん、これはこれはうさぎくんじゃないか。」

と、はちが、いって、はちは、おもいだしました。

うさぎが、はちのすのみつにさわったから、

「うさぎのおしりをさせばいいんだ。」

といいました。

はちは、すぐに、ぶーんと、とんで、うさぎのあとを、おいかけました。うさぎのおしりを、ちくっとさしました。

うさぎが、いいました。

「いて。」

といいました。

「もう、この森にいかない。」

といって、うさぎが、うちにかえりましたとさ。

おしまい。

物語の絵

※当時のサッちゃんは、自分が描いた絵のことを話してくれるようになっていました。これは、それを文に書いてもらったものです。何かの昔話の模倣と共に、何か障害物があると直ぐに諦めてしまう（止めてしまう）思考が感じられます。

⑨　12／14　保育園

土曜日に、ママとわたしとばあちゃんといっしょに、おゆうぎ会をみにいきました。

ヨウコが、ぶたいに、出てきました。

わたしが、

「いいぞ。」

といいました。

ママが、

「がんばれ。」

といいました。

ばあちゃんが、

「すごいぞ。」

といいました。

ヨウコが、女の子五人で、おどりました。ピンク色の服をきて、にこにこしておどりました。みんなが、パチパチ、はくしゅをしました。

おうちに、帰ってから、わたしは、

「じょうず。」

といいました。

ヨウコが、

「ありがと。」

と、にこにこいいました。

⑩　1／19　丸い木

きのうの、学校から帰る時、学校の近くに、わたしが丸い木を見つけました。

わたしは、ひろいました。

わたしが、なんにも言わないで、見ていました。

いろいろ考えました。

ボールみたいな形。

とけいみたいな形。

たまごみたいな形。あんパンみたいな形。

わたしは、

「楽しかった。」

といいました。

⑪　1／20　犬と人

きのう、学校から、帰る時、わたしが、茶色い犬を見つけました。

わたしは、

「かわいい。」

といいました。

犬のかいぬしは、おじさんです。

おじさんは、にこにこして、さんぽにいっています。

⑫　1／28　勉強

きのう、ばんごはんを食べてから、勉強をしました。ヨウコとわたしが、しゅくだいをやりました。

わたしは、漢字の練習をしました。

ヨウコは、紙に、あいうえおの練習をしました。

わたしは、じょうずだなあとおもいました。

⑬ 2／1 ぬいぐるみ

このあいだ、土曜日に、ヨウコとわたしが、ぬいぐるみで、遊びました。犬のぬいぐるみとあひるのぬいぐるみと大きい犬のぬいぐるみとねこのぬいぐるみで、遊びました。

わたしは、あひるのやくで、

「ね、大きい犬、たまごパンたべませんか。」

といいました。

ヨウコは、大きい犬のやくで、

「たまごパン、たべない。」

と言いました。

※妹と一緒に役になりきって「ごっこ遊び」ができるようになってきました。

⑭ 2／3 白い犬

きのう、学校から、帰る時、のう道に、白い犬が、いました。

わたしは、

「ヨウコみたいな犬。」

と言いました。

白い犬が、

「わんわん、わおーん。」

とほえました。

わたしは、

「わんわん、わおーんじゃあないのよ。」

といいました。

白い犬が、足をあげて、おしっこをだして、

わたしもまねをしました。

⑮ 2／17 おばさんと犬

朝、学校に、くる時、おばさんと犬がおさんぽをしていました。

わたしは、

「おはよう。」

と言いました。

おばさんも

「おはよう。」

と言いました。

わたしが、

「この犬の名前は。」

とききました。

おばさんは、

「はなこ。」

とこたえました。

わたしは
「かわいいなあ。」

と思いました。

⑯ 2／19 犬を拾いたい

きのう、お風呂に、はいる時、わたしが、

「犬を拾いたい。」

と言いました。

ママは、

「犬を拾ってきてもいいよ。犬を拾ったら、ドッグフードと水はうちにある。くびわとトイレとベットを買えばいいのよ。」

と言いました。

わたしは、

「やったー。」

と思いました。

でも、犬が、どこにいるのか、わからない。

⑰ 2／24 ゴミ

きのう、学校から、帰る時、のう道に、かんと犬のふんが、ありました。

わたしは、

「だれだ、こんなところに、ゴミをすてるなんて。」

と言いました。

わたしは、

「春に、なってから、また、ゴミを拾うの、たいへんなのよ。」

と言いました。

※春になると「クリーン作戦」というのがあって、子どもたちみんなで地域のゴミ拾いをするのです。「ゴミを捨ててはいけない」ではなく、「拾うのが大変なのよ」という自分の経験から書いているのがいいですね。

⑱ 3／2 とんび

きのう、学校から、帰る時、空で、とんびが鳴きました。

とんびは、

「ひーあら。」

と鳴きました。

わたしは、

「かわいい。」

と言いました。

からすがやってきました。

わたしは、

「あ、たいへん。」

と言いました。

からすが、とんびの羽に、ぶつかりました。

わたしは、

「ちゃんと前を見なさいよ。」

と言いました。

からすは、羽をバタバタさせながら、にげ

ました。
※カラスはぶつかったのではなく、とんびを攻撃していたのです。自分の周囲のことにも関心が出てきています。

⑲ 3／5 お手伝い

きのう、ままといっしょに、じっちゃんの丸いくすりを、ふくろに、入れました。

わたしが、

「まま、楽しいね。」

と言いました。

ままが、

「ありがとう。」

と言いました。

⑳ 3／8 たこあげ

この前、先生とわたしがスキー山で、たこあげをしました。

わたしが、

「楽しいね。」

と言いました。

先生が、

「あっ、たいへん。」

と言いました。

先生のたこが、木にひっかかって、糸が、きれました。

作品入れに描いた、たこあげの絵

㉑ 3／23 お手伝い

きのう、朝ごはんを食べたあと、わたしが、おさらあらいをしました。

わたしが、

「おさらあらいをする。」

と言いました。

ままが、

「ありがとう。」

と言いました。

わたしは、あわのついたスポンジで、おさらをあらいました。いっぱいのおさらをあらいました。

それから、お水で、あわをながしました。

そして、おさらをかごに、いれました。

わたしが、

「つかれた。」

と言いました。

ままが、

「ごくろうさま。」

と言いました。
※自分からお手伝いできるようになっています。お母さんは助かりますね。

【4年】

①　4／13　どうぐ調べ

きのう、おうちにかえってから、どうぐ調べをしました。ままにいわれないように、すぐに、調べました。

わたしは、さんすうノートと国語と国語のノートとしたじきとふでいれをいれました。したじきを上のへやから、もってきました。

わたしが、

「おわった。」

と言いました。

ばっちゃんが、

「おつかれ。」

と言いました。

②　5／11　買い物

きのう、学校から、帰ってから、わたしはおかしを買いに、いきました。おのしょうてんに、いきました。

わたしが、

「ごめんください。」

と言いました。

おばあちゃんが、

「はい。」

と言いました。

わたしは、

「ポテトチップスをください。」

と言いました。

わたしはお金を出しました。

わたしはジュースを買いました。

ばっちゃんのためにコーラを買いました。

おうちに、かえってから、わたしは、れいぞうこにコーラをいれました。

ばっちゃんが、

「ありがとう。」

と言いました。

③　5／21　ヨウコをむかえにいった

きのう、学校から、帰る時、ままがのうどうにきました。

ままが、

「ヨウコをむかえに行くよ。」

と言いました。

わたしが、

「はい。」

と言いました。

ほいく園に、いきました。

ままが、

「あなたがいくの。」

とききました。

わたしが、

「うん。」

と言いました。

わたしが、

「こんにちは。」

と、えんちょう先生に言いました。

えんちょう先生が、

「あら、おねえちゃん、こんにちは。」

と言いました。

わたしが、

「ヨウコ。」

とよびました。

ヨウコが、

「はーい。」

と言いました。

ヨウコは、かばんをもって、歩いてきました。

にこにこ歩いてきました。

④　6／14　おてつだい

きのう日曜日に、ままといっしょにまどのそうじをやりました。

ままは、ホースで、まどをあらいました。

ままは、あらうまえに、まどをとりました。

わたしは、あわで、まどをあらいました。

ままがまた、ホースでまどをあらいました。

ままが、あみ戸をはりました。ままが、まどをはめました。

ばっちゃんもあわで、まどをあらいました。

ヨウコは、あらっている人をみていました。

「もぐれたよ」（４年、９月）
手をつないでいるのがサッちゃんとユキちゃんと５年生の泰くん。上の方で浮かんでいるのは５年生の崇くん

⑤　8／27　プール

きのう、みんなでバスにのって、こうえんのプールにいきました。プールの中に入りま

した。わたしは、みずぎにきがえました。それから、みんなでたいそうをしました。

わたしたちCはんは、まず、小さいプールに入りました。わたしは、アザラシみたいに、顔を水につけて、すすみました。

次は、ふかいところに入りました。

みんなで手をつないで、もぐりました。ロケットみたいに、およぎました。

ユキちゃんにひっぱってもらって、わたしがおよぎました。

わたしは、プールのそこに手をつけて、じょうずにつけました。

わたしは、ビートばんをつかって、5回ぐらいおよぎました。

わたしは、頭を水の中に入れるのがたのしかったです。

また、いきたいです。

⑥　9／3　黒ねこ

きょうの朝、学校にくる時、のうどうの近くのどうろに、黒ねこがいました。

わたしが、

「かわいい。」

と言いました。

わたしが、

「黒ねこさん、おはよ。」

と、ねこにあいさつをしました。

ねこが、

「ニャーオ。」

となきました。

わたしが、

「黒ねこさん、バイバイ。」

とわかれました。

ねこは、わたしに、ついてきました。

わたしが、

「黒ねこさん、ついてきたら、だめよ。」

と言いました。

ねこが、

「ニャーオ。」

となきました。ねこがわたしに、

「いかないでね、いかないでね。」

と言っているように、聞こえました。

わたしが、

「だめだよ、かえないからね。」

と走りました。

ねこは、またわたしに、ついてきました。

わたしが、

「むりだよ、ねこさん。」

と言いました。

ねこが、また、ニャーオとなきました。

「さみしいよ。」

と言ってるように、聞こえました。

わたしが、

「こまったな。」

と言いました。

わたしは、ねこをだっこしました。ねこが、

「ニャーオ。」

となきました。

わたしは、学校まで、ねこをだっこしてきました。

わたしは、ねこをだっこしながら、早くおとなになって、ねこのおせわをしたいと思いました。

⑦　9／7　ぼんおどり

おぼんにママとわたしとヨウコがぼんおどりに行きました。

ママが、

「ぼんおどりに、行くよ。」

と言いました。わたしとヨウコが、

「はーい。」

と言いました。

わたしとママとヨウコは、コミセンに、いきました。

わたしが、おばちゃんに、言いました。

「ねえ、おばちゃん、おしえてください。」

と言いました。

おばちゃんが、

「いいわよ。」

と言いました。おばちゃんが、

「まず、手を上から下にやる。」

とおしえました。

おばちゃんが、

「次は、てびょうしで、三回たたく。」

と言いました。わたしは、てびょうしで、三回、たたきました。

わたしは、二曲、おどりました。

わたしは、きれいに、おどりました。ママも、きれいにおどりました。ヨウコもきれいに、おどりました。

※踊りたいという思いが、知らないおばさんに「踊り方を教えてください」と言わせています。その子の意欲や要求を育てていくことが、教育ではとても大切ではないでしょうか。

「おどれたよ」（4年、9月）

⑧ 10／15 どろ遊びしたよ

お休みの日に、わたしとヨウコといっしょに、畑で、どろ遊びをしました。わたしは、土の穴をほりました。スコップでほりました。わたしは、バケツで、水をくみました。わたしは、バケツをもってきて、ほったところに水をいれました。水は、ジャーと音がしました。水は、穴にたまりました。

わたしが、

「楽しい。」

と言いました。

ヨウコが、

「楽しいぞ。」

と言いました。


わたしは、チョコレートを作りました。

わたしは、バケツに、土をいれました。手で、どろをつぶしました。丸いチョコレートができました。わたしは、ヨウコのほっぺたにどろをちょんとつけました。ヨウコは、わたしのほっぺに、どろをちょんとつけました。

ばっちゃんが、

「あら。」

と言いました。

ばっちゃんが、

「もう、家に、入りなさい。」

と言いました。

ヨウコとわたしが、

「はーい。」

と言いました。


また、お休みの日も、遊びたいです。

※自分たちで遊びを考えて遊べるようになってきました。この作文は一人で書いて、波線部分は、後から加筆してもらったところです。だいぶ一人でも書けるようになってきました。

⑨ 10／27 おおなわとび1

（やりとりせずに一人で書いた作文）

今日の四時間目に、みんなでおおなわとびをやりました。

まえはら先生と片山先生は、おおなわとびのひもをもって、なわを回しました。

わたしが、

「やるぞ。」

と言いました。

わたしが、

「あ、ひっかかってしまった。」

と言いました。

わたしが、

「ざんねん。」

とがっくりしました。

わたしが、

「高すぎてとべないよ。」

と言いました。

わたしが、

「でも、がんばる。」

ともえています。

　わたしが、

「まだまだ。」

と言いました。

　わたしが、

「よし。」

と言いました。

　わたしが、

「やった、二十回いったぞ。」

と言いました。

　わたしが、

「ゆうしょうだ。」

と言いました。

※言った言葉はよくかけていますが、なぜそう言ったのか（そう思ったのか）が、特に波線部分のところなどは、よくわかりません。それは、あったことやしたことが書かれていないからです。よくわからないところを私が質問して、書き加えてもらったのが次の作文です。

おおなわとび2

（よくわからないところを書き加えた作文）

　今日の四時間目に、みんなでなわとびをやりました。

　まえはら先生と片山先生は、なわをもって、なわを回しました。おおなみをやりました。

　わたしが、

「やるぞ。」

と言いました。

　わたしは、とびました。でも、ひっかかってしまいました。

　わたしが、

「ざんねん。」

とがっくりしました。

　わたしは、

「とくいじゃないよ。」

と言いました。

「高すぎてとべないよ。」

と言いました。

　わたしは、自分の番になっても、とばないでにげました。

　でも、みんなが、おうえんをしました。のりちゃんが、

「がんばれ。」

とおうえんしました。

　わたしが、

「がんばる。」

ともえました。

　わたしは、もえてとびました。やっととべました。

　わたしが、

「よし。」

と言いました。

　それから、また、とびました。わたしは、のりちゃんといっしょに、二十回をこえて、

なわをとびました。まえはら先生がかずをかぞえました。

　わたしは、

「やった、二十回いったぞ。」

といいました。わたしは、

「ゆうしょうだ。」

と言いました。
　※「得意じゃないよ」と言って、とぶことを止めて逃げてしまったのに、また挑戦するようになったのには、実は素敵なドラマがあったのです。のりちゃんの励ましにはいつも勇気づけられています。本当にいい友だちに恵まれて、ありがたいことです。
　この日、サッちゃんは帰りの会で、「大縄跳びの時、みんなが応援してくれてうれしかったです。」と感想を発表していました。

⑩　11／8　ランドセルをみにいったよ

　きのうの朝、ママとわたしとヨウコで、ランドセルをみに行きました。

　お店に行きました。

　ヨウコは、むらさきの色のランドセルがきにいりました。

　ヨウコは、ランドセルをせおいました。ママは、ヨウコをかがみのところにつれて行きました。

　ヨウコは、二回ピョンピョンとびました。

　ヨウコは、

「重い。」

と言いました。

それから、

「これにする。」

と言いました。

　ママが、

「お金来たら。」

と言いました。

　ランドセルは、とても高いです。

３８，４４５円でした。パパに、お仕事のお金が入ったら、ランドセルを買います。
　※来年一年生になる妹さんのことをとっても温かい目で見ています。それにしても、ランドセルは高いですね。

⑪　11／11　ユキちゃんといっしょに帰ったよ

　きのう、学校から帰る時、わたしはユキちゃんといっしょに帰りました。すごくひさしぶりに帰りました。

　ユキちゃんは、マスクをかけています。

　わたしは、

「ユキちゃん、早くかぜをなおしてください。」

と言いました。

　ユキちゃんは、

「はい。」

と言いました。

それから、なかよく歩きました。

わたしのおうちの前にきた時、わたしは、右の手を上にあげて、

「バイバイ。」

と言って、ユキちゃんにおわかれをしました。

ユキちゃんも右の手を上にあげて、

「バイバイ。」

と言って、わたしにおわかれをしました。

はじめてなかよくいっしょに帰りました。
※本当によかった。前まではけんかしたり、ユキちゃんをおいて走ったりしていました。成長しました。ユキちゃんのことを心配するやさしさもうれしい。

⑫ 11／25 とび箱をとべたよ

今日の三時間目、体育をやりました。とび箱をやりました。

まず、手をとび箱のはじっこにつけるれんしゅうをしました。それから、とぶれんしゅうをしました。

まえはら先生が、

「足を開くんだよ。」

とおしえてくれました。

わたしは、

「はい。」

と言いました。

一回目は、とび箱にのってしまいました。

十回くらいとぶと、やっととべるようになりました。

まえはら先生が、

「みんな、みにきて。サッちゃんがとべるようになったよ。」

と言いました。

わたしは、とび箱にむかって走りました。

それから、とびました。

みんなが、パチパチはくしゅをしました。

ユキちゃんが、

「おめでとう。」

と言いました。

わたしは、

「ありがとう。」

と言いました。

⑬　11／26　**おふろあらいしたよ**

きのうおうちに帰ったら、おふろあらいをしました。

ばっちゃんが、

「サッちゃん、おふろあらいをおねがい。」

と言いました。

わたしは、

「はい。」

と言いました。

わたしは、さっそくおふろあらいをしました。

まず、わたしは、あわをスプレーしました。わたしは、スポンジであわをこすりました。それからホースであわをながしました。

ばっちゃんが、水をくんでゆをわかしました。

わたしは、

「つかれた。」

と言いました。

ばっちゃんが、

「ごくろうさん。」

と言いました。

※家族の一員として、お風呂掃除を頼まれるまでに成長しています。おばあちゃんもお母さんも大助かりです。

⑭　11／29　**音楽**

一年生の時、わたしは、音楽がきらいでした。歌う時、きんちょうするから、きらいでした。歌えなかったから、はずかしかった。

でも、今は、音楽すきになりました。

四年生になったら、すきになりました。

緑のそよ風を歌ったから、すきになった。

歌を歌えるようになりました。

リコーダーもおもしろくなりました。

※「私、一年生の時、○○だったんだよ。」と、一年生の時のこと（特に上手くできなかったこと）をよく教えてくれるので、それを書いてもらっていました。音楽が好きになってとっても良かった。自分のことをふり返ることができるのは、素晴らしい成長です。

⑮　11／30　**保育園の時**

保育園の時、わたしは、おおた先生を

「ゴリラ。」

とよびました。

おおた先生は、

「ゴリラではありませんよ。」

とにこにこして言いました。

わたしは、

「え。」

と言いました。

わたしが、

「ゴリラって、いってごめんなさい。」

とあやまりました。

おおた先生が、

「ゆるします。」

と言いました。

※バカにしたことなども思い出せるようになってきました。太田先生はさすがです。にこにこして注意しています。

これを書いた日にちょうどフェスティバルがあり、太田先生が学校にきていたので、この作品を見せました。太田先生は、「こういうことを覚えてくれていたんだ。とてもうれしい。」と笑顔で話してくれました。

⑯ 12／3　かめのエサをきったよ

きのう、ゆうごはんを食べてから、かめのエサをママといっしょにきりました。

ママが、

「てつだってください。」

と言いました。わたしは、

「はい。」

と言いました。

まえにもやったことがあるので、やさいのきりかたがわかっています。

まず、ねこの手で、にんじんをうすくきりました。ママといっしょにきりました。わたしは一ぽん、ママも一ぽんきりました。自分でふくろにきったにんじんをいれました。

次は、こまつなを大きくきりました。また自分で、ふくろにきったこまつなをいれました。

次は、きゅうりをななめにきりました。またふくろにいれました。

それから、キャベツをたてに太くきりました。そして、わたしのおやゆびのつめのちかくをほうちようできりました。いっぱい血がでました。わたしは、おやゆびをなめました。

わたしは、

「血、おいしい。」

と言いました。

ママは、のこったキャベツをれいぞうこにしまいました。ママは、

「ごくろうさま。」

と言いました。

※お手伝いを頑張っています。ママの仕事先にはカメがいて、その世話もお母さんの仕事なのです。ママといっしょにやることでお母さんの仕事のこともわかるし、包丁の使い方もうまくなる。とってもいいお手伝いです。

⑰ 12／9　ユキちゃんのおうちにあそびにいったよ

きのう、ユキちゃんのおうちにあそびに行きました。

帰る時、わたしは、

「のりちゃん、今日ユキちゃんの家にあそびにいかない。」

といいました。

　のりちゃんが、

「ユキちゃんの家に行く。」

と言いました。

　わたしが、

「のりちゃん、やくそくですよ。」

とやくそくしました。

　それからわかれました。わたしは、右手で
のりちゃんに、

「バイバイ。」

と言って、のりちゃんもわたしに、

「バイバイ。」

と言って帰りました。

　わたしはおうちについて、にもつをおいて、
ゲームをもってのりちゃんが来るまでまちま
した。

　のりちゃんが、

「サッちゃん、行きましょう。」

と言いました。

　わたしは、

「はい。」

と言いました。

　ユキちゃんの家につきました。

わたしが、

「ごめんください。」

と言いました。

のりちゃんも、

「ごめんください。」

と言いました。

ユキちゃんが、

「はーい。」

と言いました。

　ユキちゃんは、わたしのかわいい子猫をや
りました。

　わたしは、マリオパーティをやりました。

　のりちゃんが、

「ひまだなあ。」

と言いました。

でも、ユキちゃんとわたしがしらんかおをし
ました。
※友だちをさそって、友だちの家に遊びに行くのは、とってもいいことです。でも、この遊び方だと、のりちゃんをがっかりさせてしまいました。せっかく三人集まったのだから、みんなでやれるもの（一人ではできない遊び）で遊ぶといいよ、と指導しました。

⑱　12／13　ユキちゃんの家にいったよ

土曜日にわたしとヨウコがユキちゃんの家
にあそびに行きました。

　わたしは、

「ごめんください。」

と言いました。

　ヨウコも、

「ごめんください。」

と言いました。

ユキちゃんが、

「はーい。」

と言いました。

ユキちゃんが、

「おりがみであそぼう。」

と言いました。

わたしとヨウコは、

「さんせい。」

と言いました。

ユキちゃんは、ツルをつくりました。わたしもツルをつくりました。ヨウコもツルをつくりました。

それからわたしは、

「かくれんぼ、しよ。」

と言いました。

ヨウコからおにをやりました。

わたしとユキちゃんが、ベットのおふとんにかくれました。

ヨウコは、

「みいつけた。」

と言いました。

ユキちゃんが、おにをやりました。わたしは、つくえの下にかくれました。

ヨウコは、ベットのおふとんにかくれました。

ユキちゃんが、わたしを
「みいつけた。」

それから、

「ヨウコも。」

と言いました。

わたしが、おにをやりました。ヨウコは、つくえの下にかくれました。ユキちゃんが、ベットの上にかくれました。

わたしは、ユキちゃんとヨウコを
「みいつけた。」

と言いました。

ユキちゃんが、

「たのしかった。」

と言いました。

それから11時30分になりました。

わたしとヨウコは、

「おじゃましました。」

と言いました。

わたしとヨウコは、

「ユキちゃん、またね。」

と帰りました。

※妹を連れて友だちの家へ行って、楽しく遊ぶことができるようになりました。
この前とは違って、みんなで一緒にやれる遊びにしています。だから、みんなが楽しかったことでしょう。すばらしいです。

⑲ 12／16　ユキちゃんの手紙をとどけに行ったよ

きのう、おうちについて、わたしはかばんをおいて、手紙を出しました。その手紙は、わたしが学校でかきました。

「ユキちゃんへ
　はやくかぜをなおってください。

　　　　　　　　　　　　サチコより」

とかきました。ユキちゃんのえがおもかきました。ユキちゃんは、きのうもきょうも学校を休みました。

　わたしはジャンパーをきて、ユキちゃんの家に行きました。

　わたしは、

「ごめんください、ユキちゃんの手紙ですよ。」

と大きな声で言いました。

　ユキちゃんのお母さんが、

「はーい。」

と言いました。

　わたしは、

「これ、ユキちゃんにとどけてください。」

と言いました。

　ユキちゃんのお母さんは、

「ありがとう。」

とにこにこして言いました。

　わたしは、

「どういたしまして。」

と言いました。

　わたしが、

「おじゃましました。」

と家に帰りました。

　わたしは、ユキちゃんのかぜがなおったら、かくれんぼとおり紙であそびたいと思いました。
　※サッちゃんのやさしさがあふれています。

⑳　12／20　よぼうちゅうしゃをやったよ

　きのう日曜日に、ママとわたしとヨウコといっしょに平山医院に行きました。かぜをひかないように行きました。

　まず名前をよばれるまでまちました。

　かんごふさんが、

「村山サチコさん。」

と言いました。

　わたしは、

「はい。」

と言いました。

　わたしはわきの下に体温計をいれて体温をはかりました。

　わたしは、かんごふさんに体温計をわたしました。

　かんごふさんが、

「しんさつ室の中へはいってください。」

と言いました。

　わたしは、

「はーい。」

と言いました。

　それから、しんさつ室のいすにすわりました。わたしは、よばれるまでまちました。

　かんごふさんが、

「村山サチコさん。」

と言いました。わたしは、

「はーい。」

と言いました。

　お医者さんがちょうしんきをむねにあてました。お医者さんが、手でトントンたたきました。お医者さんは、

「あーん。」

と言って、わたしののどをみました。

　お医者さんが、

「どこかいたくありませんか。」

と言いました。

　わたしは、

「いたいところいたくありません。」

と言いました。

お医者さんが、

「おだいじに。」

と言いました。

　さいごは、ちゅうしゃです。わたしは、ちゅうしゃをがまんしました。それから、四角いだっしめんをはりました。

　わたしは、

「お、ふくらんでいる。」

と言いました。

※この作文を書くにあたり、分からなかった言葉（名前をしらないものや概念がはっきりしていなかったもの）をたくさん教えました。「体温計」「体温」「ちょうしんき」「よぼう」「しんさつ室」「医院」「だっしめん」「かんごふさん（↓平山の人）」「お医者さん（↓お医者さんの人）」「胸に当てる（↓胸にやる）」等です。（）内は、はじめサッちゃんが使っていた言葉です。

**　作文を書くことは、いろいろなことを言葉にして確かにしていく作業です。言葉がわからないとうまく伝えることはむずかしいのです。分かっているだろうと思われる日常生活の言葉も確認し、何度も言わせてみることが大切であると感じました。**

㉑　1／25　雪がっせんで遊んだよ

　きのう、パパといっしょに雪がっせんで遊びました。わたしは、かっぱズボンをはいて、外に出ました。わたしは、雪玉を二コ作りました。ヨウコも雪玉を二コ作りました。パパは、雪玉を三コ作りました。

　わたしは、

「スタート。」

と言って始めました。

　わたしは、雪玉をなげて、雪玉は、パパのおしりに、当たりました。

　わたしは、

「当たったあ。」

と言いました。

　ヨウコの雪玉は、パパの右の足首に当たりました。

ヨウコは、

「やった。」

と言いました。

パパは、ヨウコをねらって、雪玉をなげて、雪玉は、ヨウコのおなかに当たりませんでした。わたしは、ほんもののスコップで、パパの雪玉を三コ止めました。

わたしは、

「終了。」

と言いました。

わたしは、

「けっか発表、今日のゆうしょうはひよこチームです。」

と言いました。

パパが、

「負けた。」

と言いました。
※パパとどこかに出かけた話は、これまで沢山書いてきましたが、パパと一緒に遊んだことを書いたのはこれが初めてだと記憶しています。

㉒　1／27　ユキちゃんとおり紙で遊んだよ

（やりとりせずに一人で書いた日記）

きのう、わたしは、ユキちゃんの家に遊びに行きました。

わたしは、

「ごめんください。」

と言いました。

ユキちゃんは、

「はーい。」

と言いました。

わたしは、中に入りました。

ユキちゃんは、

「何して遊ぼかな。」

と言いました。

わたしは、

「そうだ、おり紙で遊ぼ。」

と言いました。

ユキちゃんは、

「じゃあ、おり紙で遊ぼ。」

と言いました。

わたしは、赤い色紙。

ユキちゃんは、ピンクの色紙。

わたしは、

「つるを作ろ。」

と言いました。

わたしは、つるを作るのができました。ユキちゃんもつるを作るのができました。

そして、わたしは五時になったら、

「おじゃましました。」

と言いました。

ユキちゃんは、

「また明日ね。」

と言いました。

わたしも、

「また遊びに来るね。」

と言いました。

今日もユキちゃんの家に遊びに行きます。

㉓ 3／24　パパのおみまい

きのう、おうちに帰ってから、わたしは、すぐに宿題をやりました。

それから、ママとヨウコとわたしが、じっちゃんと同じ病院に行きました。

ママは、病院のカードをとりました。ママは、車を止めました。

ママは、

「ついたよ。」

と言いました。

わたしとヨウコは、

「はーい。」

と言いました。

ママは、

「パパにたのまれた、ガム２コと牛乳２コ買う。」

と言いました。

ママは、お店の人にわたしました。お店の人は、

「五百四円です。」

と言いました。

ママは、千円をはらいました。

お店の人は、

「千円おあずかりします。」

と言いました。

お店の人は、

「四百九十六円、おかえしします。」

と言いました。

ママは、

「よし、これでオッケ。」

と言いました。

ヨウコは、エレベーターの上のボタンをおしました。

わたしとヨウコとママは、エレベーターの中に入りました。ヨウコは２をおしました。

わたしは、

「とんでる。」

と言いました。

エレベーターからおりました。

わたしとヨウコは、

「パパ、おみまいに来たよ。」

と言いました。パパは、

「ありがとう、ヨウコとおねえちゃん。」

と言いました。

パパは、こしがいたくなって、にゅういんしました。ほねをおって、にゅういんしました。パパは、てんじょうを見て、ねていました。

ママは、

「だいじょうぶ。」

と言いました。

パパは、

「はい。」

と言いました。

病院の人は、テーブルにおにぎりとみそしると**つけ物の**だいこんとピーマンをおきました。

ヨウコは、まず、パパにおにぎりをたべさせました。わたしは、パパに魚を食べさせました。

パパは、

「おいしい。」

と言いました。
※よく思い出しながら書くことができました。少しやりとりして書いた後、よく分からないところをつけたしてもらいました。太ゴシック体のところが、つけたしたところです。
四年生になってから随分、根気よく長く書けるようになりました。素晴らしい成長です。

◇私も端っこに…

これらの文章は、学級通信に載せたものの一部です。

今回改めて読んでみて、サッちゃんはよく頑張って書いたなあと思います。

もう一つ、サッちゃんの文章を読んで感じたことがあります。それは、サッちゃんの成長がお母さんをはじめとする家族の深い愛情に支えられていたということです。当時の私は、そのことにほとんど気がついていませんでした。「ありがとう」「ご苦労さん」「お疲れ」という、家族のねぎらいの温かい言葉の中でサッちゃんは成長していたのです。

サッちゃんの成長の端っこに私もいることができたことに、今は感謝です。

あとがき

今の私、未来に向かって

ジュネーブ派遣団報告会

この実践記録をまとめてしまった後、２０２２年10月15日、『障害児を普通学校へ・全国連絡会』主催のジュネーブ派遣団（同年7月）報告集会に偶然参加する機会を得ました。

『障害児を普通学校へ・全国連絡会』は、障害児が将来にわたって地域で暮らすことをめざして１９８１年に作られた会です。

日本政府は、障害によるあらゆる差別を禁じた「障害者の権利に関する条約（略称：障害者権利条約）」を２０１４年に批准しました。

世界では障害者を差別したり分けたりしない教育が進んでいて、障害児も当たり前に通常学級にいる国が多いです。しかし、日本の場合、障害者への差別を是正しないどころか、この障害者権利条約を批准した後も障害者に対して差別的な政策をとり続けています。今までも何度も国連障害者権利委員会から是正勧告を受けているのに、文科省は一向に変えようとしないのです。

年々ひどくなっている障害者への差別、その目に余る惨状―分けて排除しようとする日本―を訴えなければと結成されたのがジュネーブ派遣団です。

派遣団の三人のお母さん方の報告はとても明るいトーンで、私の心に響きました。

若い一人のお母さんは、「たった1分（持ち時間）のスピーチに通訳を入れると、どこかが省略される可能性がある、それでは困る」と自分で英語スピーチをするために英会話教室に通ったといいます。その意気込みに私は圧倒されました。差別反対を当たり前のように闘い、活気にあふれる、このお母さん方に未来を感じました。

この派遣団のスピーチを聞いた国連障害者権利委員会は、当然、日本に是正勧告を出しました。日本が障害者権利条約を遵守せず履行していないからです。それに対して永岡文部科学大臣は9月13日の定例会見で、「現行の特別支援教育を中止することは考えておりません」「勧告で撤回を求められたのは大変遺憾である」などと、国連障害者権利委員会の総括意見（障害児が将来にわたって地域で暮らせるようにインクルーシブ教育をしなさいという意見）には従わないという発言をしました。全くひどい話です。

分けること自体が差別

私はその報告会で北村小夜さんを知り、彼女の著書「一緒がいいならなぜ分けた」に巡り会いました。子どもを分けないことが最善であること、分けること自体が差別であることを知りました。特別支援教育がどのようにして生まれてきたのか、その経緯や目的が分かって、私は脳天に一発食らったような衝撃を受けたのです。

特別支援教育の根っこのところについて、私はほとんど考えたことも調べたこともありませんでした。本当に不勉強だったと思います。

通常学級であれ特別支援学級であれ、自分にできることは精一杯やって来たつもりです。差別を許さないということも大切にしてきました。

特別支援教育では、「その子に応じた教育を」と言うけれど、学力にだけ焦点があてられていることが多いです。その子に応じているとはとても言えません。だから、私は文字通り、サッちゃんに必要だと思ったことは普段通常学級では出来ないようなことも実践してきました（散歩、自転車練習、田植えなど…）。

でも、現行の特別支援教育の体制そのものが差別であったとは…。根っこのところで大事なことが何も分かっていませんでした。少し人と違うだけで「あの子は何か持っている、何か障害がある」と、通常学級から排除する考え方を私は批判してきました。教師個人の問題だと思っていたから。でも、違いました。その考え方は、文科省が推し進める分離教育、分断教育から当然出てくる考え方だったのです。

自立とは、みんなの中で暮らすこと！

『障害児を普通学校へ・全国連絡会』の取り組みの中で育ち、地域で暮らす障害者は次のように言っているそうです。

「自立とは、何でも自分でできるということではなく、みんなの中で暮らすことだ。」

いい言葉です。私たちはいつの間にか、何かができる＝善だと思い、出来ないとダメだという思考にとりつかれてしまっています。出来なかったら、助けてもらえばいいだけのことなのに。

サッちゃんを担任していたときに、どう育てることがいいことなんだろうと何度も悩みました。教育実践にこれだという正解はないと思うけれど、一体どこに向かって進んで行ったらいいのか分からなくて、途方にくれたことも少なくありません。将来にわたってお世話になるのだから、地域の人に理解してもらおうと思い、地域の人との交流も積極的に進めては来ました。

サッちゃんを輝かせたくて、その時々にありったけの力でもがいたことに、後悔はありません。だから私にとって「さんぽのおくりもの」はかけがえのない贈り物です。

でも、この言葉を当時知ることができたら、どんなに心強かったことでしょう。この言葉は、私たちに大きな指針を与えてくれます。

「地域の中で、みんなの中で暮らす」ことは、障害者でなくても大変難しい問題になっています。地域の中で取り残されている人がいっぱいいるではありませんか。障害者を排除することは、弱者を何か理由をつけて排除していくことに繋がっているのだと、今はわかります。

みんなから分けられ外されて喜ぶ子はいません。大人だって同じです。自分が分けられ外されたらどんな気持ちになるかは誰もが知っていること。それなのに、障害者の思いは全く無視されて、世の中の都合で分断しているのです。私たちはまず、「あなたは、本当にここ（特別支援学級）にいたいの？」と、子どもの思いを聞くことから始めなければならないのではないでしょうか。

みんな一緒に生きていく

障害があるからと子どもたちを分けていくことは、その子の友だちを奪うことです。どんな人がどんな能力を持っているのか、それは誰にもわかりません。出会いによって人生が変わることだってたくさんあります。だから、友だちやそのつながりを奪うことは、その後の人生の希望（可能性）

や豊かさを奪うことに他なりません。そう考えると、子どもを分けることはとても残酷なことです。

友だちから切り離した結果、通常学級の子どもたちが特別支援学級の子どもたちを平気でいじめるという痛ましい事件も多発しています。分けることは障害児だけではなく、他の子どもたちにとっても決していいことではありません。

学級にはいろんな子がいた方がいい、家族のように。いろんな子がいるから、助けたり助けてもらったり、協力することを学ぶことが出来るのです。

多様性を排除した途端、私たちは際限もなく視野が狭くなり、細かく分断されていきます。障害者であろうとなかろうと、どの子も自分に出来ることを精一杯頑張り、それでいいと認められていく社会、分けないで一緒に生きる社会。それが今の私のめざすところです。


出版にあたりサッちゃんのお母さんに連絡をとったら、「サチコのことを書いてくれるのはとてもありがたい」と話し、沢山の作品掲載を快諾してくれました。心よりお礼申し上げます。サッちゃんに出会えたことは、私の人生の大きな宝物です。

自宅をお訪ねするたびに、おいしい茶菓で迎えてくださった北村小夜さん、そして、私の実践を支えてくれた全ての方に、心から感謝申し上げます。

2023・5・11
前原　あや

「共に学ぶこと」一緒に考えましょう

北村　小夜

２０１６年に津久井やまゆり園事件が起きてから、少しばかり、障害者問題―なかでも施設収容の問題が考えられるようになってきました。施設を出て地域生活を試みる人もありますが、一旦分けたものを併せるのは容易なことではありません。そこに当然のように「小さい時から一緒でなければ・・・」と言う声が上がりました。２０２２年8月には国連障害者権利委員会による日本の審査が行われ、9月9日、脱施設とともに通常学級への学籍一元化等が勧告されたこともあって、共に学ぶことを目指す取り組みに弾みはついていますが、日本の文科省は能力主義に基づく分離教育「特別支援教育」を中止することはないと言っています。

しかし、世界はもう統合に向かっています。

この支援学級における実践記録は、障害を持つサッちゃんの幸せを願う教師の取り組みによってサッちゃんがいろいろできるようになっていく過程が丁寧に描かれていて、読む人に大きな感動を与えると思います。私も読みながら共感する部分がたくさんありました。が、同時に「それはみんなの中でやってこそ値打ちがあるのでは」という思いが湧き上がってくるのをどうしようもありませんでした。

多くの方に読んでいただき教育の在り方を一緒に考えてほしいと思います。

私自身、60年前、出来ない子にも教えられる上等な教師になりたくて「特殊教育―今でいう特別支援教育」を学び、中学校の特殊学級の担任になったのですが、通常学級を排除されてきた生徒たちに分けられた悲哀を知らされました。知ったからには引き受けなければなるまいと統合を目指しますが、それは容易なことではありませんでした。模索の末、分けなければよいというところにたどり着きました。

子どもを分けてならないのは

・どんな子も意思表示はします。

大人はそのための資料を提供し、表示を読み取らなければなりません。

・本来、子どもは分けたがっても分けられたがってもいません。

小学校に入って徒競走が始まったとき繋いでいたお手てを離します。

・子どもは子どもの中で育ちます。
大人がどんなに頑張っても友達の代わりはできません。
・分けたところでできることには限りがあります。
行き届くのはお世話と管理です。
・地域で普通の暮らしをすることが難しくなります。
・分けた側の不幸ははかり知れないからです。
障害児のいない学校・学級で育つ子どもは（本人の責任ではありませんが）、障害児を排除する側（分ける側）に立っています。このところ分けられる側の不幸は指摘されるようになりましたが、今考えなければならないのは分ける側の不幸です。排除・差別していることに気づかず成人して、理想として統合を考えても実行の目途が立たないのです。本人の不幸というだけでなく国レベルの不幸です。いま我が国ではこのような人たちが社会を仕切っています。統合が進まない原因の一つでもあります。

2023・5・25

参考文献

アスナロ詩集「子どもはみな詩人である」（全国民教の会編、太陽への道社）
みい子さんは歌った（三橋辰雄著、太陽への道社）
北風の歌（修道小・三橋学級、明治図書）
教育とは何か「母と子と教師と」（三橋辰雄著、太陽への道社）
集団学習法研究　第一巻、第二巻（三橋辰雄著、太陽への道社）
赤ちゃんは運動の天才（グレン・ドーマン著、サイマル出版会）
親こそ最良の医師（グレン・ドーマン著、サイマル出版会）
赤ちゃんに読み方をどう教えるか（グレン・ドーマン著、サイマル出版会）
赤ちゃんとお母さんの絵本シリーズ
「いそがしい　いそがしい」「たからもの　なあに」（山本まつ子作、金の星社）
版画のはらうた1（くどうなおこ詩、ほてはまたかし画、童話屋）
マカレンコ全集全8巻（A・S・マカレンコ著　マカレンコ全集刊行委員会訳、明治図書）
一緒がいいならなぜ分けた（北村小夜著　現代書館）

《著者紹介》

前原あや（まえはら あや）

元小学校教諭。全国民族民主教育の会（略称：全国民教の会）会員。青森県在住。

差別や暴力のない教育をめざし、子どもの主体性を尊重する教育実践にとりくむ。

教育実践記録「光男とともに」（アスナロ詩集「子どもはみな詩人である」収録）、「10 人のめごと」（季刊誌 TOMO-MICHI 201 ～ 203 号収録）他、絵本に「風の中を今日も行くーハルコおばさんの願い」（絵：YOSHIKO）がある。

さんぽのおくりもの

定価は表紙に
表示してあります

2023 年 12 月 25 日　初版第 1 刷発行

文・写真　前原　あや
発行人　　対馬テツ子
発行所　　太陽への道社
〒 111-0032　東京都台東区浅草 6 -42-12
TEL 03-3874-0544
発売元　星雲社（共同出版社・流通責任出版社）
〒 112-0005　東京都文京区水道 1-3-30
TEL 03-3868-3275
印刷者　日本美術印刷

ISBN978-4-434-33034-6 C0237 ¥1800E

絵本
風の中を今日も行く
ハルコおばさんの願い

「きれいな空気と　きれいな水と
きれいな海があれば
人間はみな　平和に暮らしていける」
それが　あさ子さんの教えです。

ルポライター鎌田慧さん推奨

青森県、下北半島大間。熊谷あさ子さんの畑があるあたりが、勝手に原発予定地にされた。「原発は放射能で海を汚し、自然を破壊する」と、30年間建設に反対した生前の熊谷さんを取材。（絵本ではハルコおばさん）原発とは何かを世に問う絵本。
文は前原あや、絵はYOSHIKO。

風の中を
今日も行く
― ハルコおばさんの願い ―
文　前原　あや　/　絵　YOSHIKO

文・前原あや
絵・YOSHIKO
本体1429円＋税

走れよ銀河号
愛の笞に挑んで

子どもたちに力を合わせていくことの喜びを教えていく教育実践

〝先生はたたかないし、おこらないし、勉強ができないからってのこしたりしないんだ〟ときいても、はじめはなかなか信じられなかった子どもたちが、明るくのびのびと変わっていく姿を描く感動の記録。

中村久美子著
本体1000円＋税

教育とは何か
母と子と教師と

母と子と教師が「お母さんノート」で語り合う

教育の仕事とは、良い子、悪い子、できる子、できない子、と分けるのではなく、どの子の中からも、その子にある美しいもの、すばらしいものを掘りおこしていくこと。現場に立つ教師、必読の書。

三橋辰雄著
本体1200円＋税

子ども歌集
歌うことってなあに

春、夏、秋、冬　全200曲収録！

歌は勇気を与え、心と心をつないでくれる。働く父母を大事にする歌、友達と心をつなぐ歌を力いっぱい歌おう！うれしいときも悲しいときも、子どもたちの歌は希望を運んでくれる。

芸術学院編集
定価485円＋税

こころに夜はない

二又分校に花開く解放教育　―子どもは学校の主人公―

待っていたのは11人の子どもたち。おどおどした目の子ども達が、解放教育の中で、またたく間に能力を開花させていく。文部大臣賞「北風の歌」の著者が送る感動の教育実践。

三橋辰雄著
本体1165円＋税